SALMO 91

para las

MADRES

PEGGY JOYCE RUTH

y ANGELIA RUTH SCHUM

SALMO 91

para las

MADRES

PEGGY JOYCE RUTH

y ANGELIA RUTH SCHUM

CASA
CREACIÓN
Para vivir la Palabra

Para vivir la Palabra

MANTÉNGANSE ALERTA;
PERMANEZCAN FIRMES EN LA FE;
SEAN VALIENTES Y FUERTES.
—1 CORINTIOS 16:13 (NVI)

Salmo 91 para las madres por Peggy Joyce Ruth y Angelia Ruth Schum
Publicado por Casa Creación
Miami, Florida
www.casacreacion.com
©2013- 2022 Derechos reservados

Library of Congress Control Number: 2012955799
ISBN: 978-1-62136-127-5
E-book ISBN: 978-1-62136-146-6

Desarrollo editorial: *Grupo Nivel Uno, Inc.*
Apatación de diseño interior y portada: *Grupo Nivel Uno, Inc.*

Publicado originalmente en inglés bajo el título:
 Psalm 91
 Charisma House, Charisma Media Company,
 Lake Mary, FL 32746 USA
 © 2010 por Peggy Joyce Ruth Ministries

Porciones de este libro fueron previamente publicadas por Casa Creación en el libro
Salmo 91, copyright © 2010, ISBN 978-1-61638-073-1.

Visite la página web de la autora: www.peggyjoyceruth.org

Nota de la editorial: Aunque el autor hizo todo lo posible por proveer teléfonos y
páginas de internet correctos al momento de la publicación de este libro, ni la editorial
ni el autor se responsabilizan por errores o cambios que puedan surgir luego de haberse
publicado.

Impreso en Colombia

23 24 25 26 27 LBS 9 8 7 6 5 4 3 2

CONTENIDO

ESTABLECER EL PANORAMA

L os domingos, por lo general, son muy agradables, ¡pero no este domingo en particular! Nuestro pastor estaba más serio que de costumbre mientras anunciaba que a uno de nuestros fieles diáconos se le había diagnosticado leucemia y que solo le quedaban unas pocas semanas de vida. El domingo anterior, este robusto diácono en sus cuarentas estaba en su lugar habitual sirviendo en el coro, luciendo sano y más contento que nunca. Ahora, un domingo después, toda la congregación estaba atónita luego de haber oído ese inesperado anuncio. Sin embargo, no sabía que este incidente daría lugar a un mensaje que iba a arder en mi corazón.

De manera asombrosa, salí de la iglesia camino a casa con muy poco temor, tal vez porque estaba en un estado de choque por lo que había oído. Recuerdo muy vívidamente estando sentada al borde de la cama esa tarde clamando en voz alta: "Señor, tenemos dos hijos jóvenes. ¿Acaso hay una manera de proteger a mi familia de todos estos males que vienen a la tierra?". No esperaba ninguna respuesta; creo que estaba expresando el pensamiento que se repetía en mi mente, vez tras vez. Recuerdo que estaba acostada a lo largo de la cama y que me dormí rápidamente, y que tan sólo cinco minutos después me desperté. Sin embargo, durante esos cinco minutos, tuve un sueño inusual.

En el sueño, me encontraba en un campo abierto, haciendo la misma pregunta que había hecho antes: "¿Acaso hay una manera de proteger a mi familia de todos estos males que vienen a la tierra?". Y en mi sueño oí estas palabras:

En tu aflicción, ¡clama a mí y yo te responderé!

De repente, supe que tenía la respuesta que buscaba. El gran gozo que sentí es imposible de describir. Para mi asombro, cientos de personas aparecieron en mi sueño y estaban conmigo en ese campo abierto, alabando y agradeciendo a Dios por la respuesta. Pero recién al otro día, cuando oí la mención del salmo noventa y uno en un casete de Shirley Boone, de pronto *supe en mi corazón* que *lo que sea* que dijera ese salmo, esa era la respuesta de Dios a mi pregunta. Casi despedacé la Biblia en mi apuro por ver lo que decía. Allí estaba, en el versículo 15, la *misma declaración* que Dios me había dado en mi sueño. ¡No podía creer lo que estaba viendo!

Creo que usted que se encuentra leyendo este libro, en especial aquellas de ustedes con hijos por los que se preocupan, están entre los muchos cristianos a los que Dios, de manera sobrenatural, les está revelando este salmo. Ustedes eran aquellas personas en mi sueño, que estaban en el campo abierto junto a mí, que recibirán la respuesta a la pregunta: "¿Puede un cristiano estar protegido en estos tiempos turbulentos?".

He tenido muchas oportunidades de llevar este mensaje desde principios de los setenta. Siento que Dios me encargó que escribiera este libro para proclamar el *pacto de protección* de Dios. Espero que le sea de gran bendición.

—PEGGY JOYCE RUTH

ESOS DÍAS CUANDO USTED NECESITA EL SALMO 91

A veces se le olvida su cartera, el celular, su maletín o su taza de café…los cuales estaban en el techo del automóvil cuando, de manera ansiosa, usted se metió en el asiento del conductor y salió rápido para llegar a su compromiso. Qué frustrante es cuando luego se da cuenta que su celular estaba en el techo del automóvil, y experimentar esa horrible sensación de lo costoso que puede ser cometer un tonto error. ¡Recuerde la ansiedad subliminal que aparece cuando sabe que tiene que enfrentar a su marido y explicarle lo que sucedió con su celular!

Pero nada puede ser tan malo como lo que Donna Newsom vio esa mañana en el tránsito de Dallas. Qué horror cuando se dio cuenta lo que se olvidaron encima del automóvil esa mañana. A continuación vemos su relato.

La hora pico del tránsito de Dallas no es para la gente de corazón débil. El calor subía desde el pavimento, como una gran ola, mientras salía del estacionamiento de un Winn-Dixie con mi Mustang blanco y me incorporaba en el gran laberinto de automóviles y camiones para regresar a casa.

En medio del embotellamiento, tarareaba las notas de una canción que había cantado en la Fox Avenue Baptist Church. La letra, al igual que el mensaje de la misma, resonaban en mi mente durante varios días: *"Escóndeme en la sombra de tus alas…"*.

Sabía que esa letra hacía referencia al Salmo 91. El primer verso era: "El que habita al abrigo del Altísimo morará bajo la sombra del Omnipotente (RVR 1960). El versículo 4 dice: "Con sus plumas te cubrirá, y debajo de sus alas estarás seguro; escudo y adarga es su verdad" (RVR 1960).

Había oído historias de soldados que habían sobrevivido situaciones horribles por haber orado y creído en ese salmo.

El mensaje se había convertido en algo más personal cuando asistí a una conferencia y oí una enseñanza más profunda sobre la promesa de la protección divina en el Salmo 91. Desde ese entonces, he enfrentado muchas situaciones que deberían haber terminado en tragedia. En cada una de ellas, pude ser testigo de la protección sobrenatural.

Sucedió varias veces y comencé a preguntarme si Dios quería mostrarme algo.

"¡Presta atención! ¡Esto es real!".

Como enfermera, he visto tantas muertes y tragedias que tal vez dejé de esperar ver milagros en primera instancia. ¿Me había olvidado de que Dios nunca cambia? ¿Qué sus promesas son tan verdaderas hoy como cuando las dijo? ¿Había puesto más fe en mi profesión médica que en la Palabra de Dios? Haciéndome lugar en el tránsito, logré llegar al carril para doblar justo al lado de una camioneta azul. El semáforo cambió y cuando miré hacia arriba me quedé atónita con lo que vi.

Encima de esa camioneta azul había una sillita de bebé. Era obvio que no habría un bebé allí. No, *Dios ten* misericordia, ¡sí había un bebé! Sin tiempo como para procesar esta escena de horror, grité el nombre que está por encima de todos los nombres: *"¡Jesús!"*.

Justo cuando lo hice, la camioneta aceleró para doblar a la izquierda y tan rápido como un simple latido, la sillita del bebé se deslizó por el techo de la camioneta.

"¡Jesús!".

Lauzado por el aire, el bebé fue catapultado como si fuese una pelota. Las bocinas sonaban, los frenos chillaban, mientras yo, como los demás conductores, observábamos en cámara lenta esta pesadilla a medida que la camioneta giraba en dirección este y el bebé era propulsado en dirección norte, enfrentando al tráfico de la dirección opuesta.

"¡Jesús!".

La sillita de bebé chocó con el pavimento, y luego rebotó, antes de seguir deslizándose hasta detenerse.

Apreté los frenos y volanteé para esquivar al bebé. Salí corriendo de mi automóvil mientras los otros vehículos clavaban sus frenos para detenerse. Mi corazón golpeaba fuerte en mi pecho y mis manos temblaban mientras iba por la calle.

La sillita había caído boca arriba. Vestida de color rosado, con sus pequeñas piernas gorditas la bebé me miró y sonrió, mientras un hilito de baba caía por su mentón. Fue ahí cuando comencé a oír los gritos.

"*¡Mi bebé! ¡Mi bebé! ¡Mi bebé!*".

Lágrimas caían por los ojos llenos de sueño. Miré a la camioneta todavía parada en la intersección. Las caras de asombro de varios niños pequeños me miraban.

Me convertí en una espectadora. "¡Quiten la camioneta de la calle! ¡Y cuiden a esos niños!".

Le hablé a la madre con autoridad, pero de manera calmada. "Soy enfermera", le dije. "Vamos, saquemos a la bebé de la calle y puedo verificar si tiene alguna lesión".

Al costado de la calle revisé a la bebé de pies a cabeza. No tenía ni un solo rasguño. Le oía las pulsaciones, mientras la bebé me sonreía.

"Está bien", le dije a la madre. "No está lastimada".

La mujer se reposó en mis brazos, llorando de alivio. "Gracias", me dijo con lágrimas en sus ojos, "no se lo puedo agradecer lo suficiente".

Unos momentos después, vinieron un auto de policía y una ambulancia a la escena. Llevaron a la bebé al Hospital Lewisville Memorial, donde yo trabajaba, y me pidieron que los acompañara. El doctor de la sala de emergencias le hizo un examen completo. "No tiene ni un solo rasguño", dijo él, agitando su cabeza en señal de asombro.

La madre había puesto la sillita del bebé en el techo, había ajustado los cinturones y la había dejado allí arriba mientras ajustaba los cinturones de seguridad de los otros niños. Luego, conducida por el agotamiento, se subió al automóvil y salió rápidamente.

¿Cuáles son las probabilidades de que una bebé sobreviva enfrentar al tránsito? ¿O que la sillita cayera boca arriba y se desplazara hasta luego detenerse? Ninguno de los automóviles chocaron a la bebé. No hubo ni un solo accidente, ni autos apilados, ni siquiera un pequeño golpe de parachoques.

Me volví a subir a mi Mustang y reposé la cabeza sobre el volante. Conocía la respuesta. Esa bebé había estado abrigada bajo la sombra sus alas.

Me reincorporé al tránsito y volví a casa cantado una canción de amor a Jesús. "Escóndeme en la sombra de tus alas...".

Mensaje recibido, Señor. Fuerte y claro.

Usted conoce el temor que a veces siente cuando conduce detrás de un motociclista descontrolado, que si se cae, será imposible de evitar chocarle. Puede imaginarse la tensión que Donna sintió cuando conducía detrás de esa camioneta con una bebé encima. ¡Dios nos ofreció el Salmo 91 para que esté en su vida *para días como este*!

¿DÓNDE ESTÁ MI MORADA?

El que habita al abrigo del Altísimo morará bajo
la sombra del Omnipotente.

—Salmo 91:1

Piense por un momento dónde quisiera estar, más que
ningún otro lugar en el mundo, para sentirse protegida y en paz. Recuerdo cuando era una niña pequeña
y me despertaba en medio de la noche sintiéndome asustada.
Iba en puntitas de pie hasta la habitación de mi madre y de
mi padre y, muy despacito, me acostaba en la cama con ellos.
Cuando estaba allí, calladamente podía oírles respirar y me

sentía resguardada y protegida y, sin darme cuenta, el temor desaparecía y me volvía a dormir.

Estoy segura de que usted también puede pensar en algo que representa la *seguridad* en su propia vida. Cuando pienso en la seguridad y la protección, tengo varios recuerdos de mi infancia que automáticamente vienen a mi mente. Mi padre era un hombre musculoso y robusto que jugó al fútbol americano durante la escuela secundaria y en la universidad, pero interrumpió su educación para servir en el ejército durante la Segunda Guerra Mundial. Mi madre, que estaba embarazada con mi hermanito, y yo vivíamos con mis abuelos en San Saba, Texas, mientras papá cumplía su servicio militar. A pesar de

Mi padre, Albert Crow

que yo era joven, puedo recordar vívidamente un día muy pero muy feliz cuando, de repente, mi padre abrió la puerta y entró a la sala de la casa de mi abuela. Antes de ese memorable día, había sido atormentada y tenía miedo porque algunos niños del barrio me habían dicho que nunca más volvería a ver a mi padre. De la misma manera como cuando los niños cuentan una historia de fantasmas, me asustaban diciéndome que mi padre volvería a casa en una caja. Cuando él entró por la puerta ese día, *un sentido de paz y seguridad vino sobre mí y permaneció conmigo durante todo su tiempo de servicio en el ejército.*

Se había pasado la hora para que naciera mi hermanito, y cuando fui mayor me enteré que el destacamento de mi padre estaba siendo transferido, por tren, desde Long Beach, California, a Virginia Beach, Virginia. El tren pasaba por Fort

Worth, Texas, camino a Virginia, así que mi padre logró viajar desde Fort Worth hasta San Saba esperando poder ver a su hijo. Luego, tuvo que hacer autoestop hasta poder alcanzar nuevamente el tren antes de que llegara a Virginia Beach. El recuerdo de cuando él entró en la sala todavía trae un sentido de paz y tranquilidad a mi alma. Ese incidente, en verdad, fue la antesala para la seguridad que luego buscaría y encontraría en la presencia del Padre *celestial*.

Papá y la familia en un viaje de pesca.

Cuando considero lo que es morar bajo el abrigo de Dios, hay otro recuerdo que viene a mi mente. Mis padres solían llevarnos a mi hermano, a mi hermana menor y a mí a un lago. Había un gran lugar para pescar percas que muy pocas personas conocían, y a nosotros los niños nos encantaba pescar percas. Era toda una aventura ver el corcho flotar y que, de repente, desapareciera de la vista. Muy pocas cosas me gustaban más que darle un jalón a esa caña y así atrapar una gran perca. Había una razón por la que papá nos hacía pescar esas percas. Eran los peces que él usaba de carnada en el espinel que tenía a lo largo de una de las ensenadas del lago.

Papá conducía el bote hasta el lugar donde se encontraba su línea. Luego apagaba el motor y deslizaba el bote a lo largo del agua mientras *extendía su línea*. Eso es lo que él lo llamaba cuando se sostenía de la línea mientras recorría cada uno de los anzuelos que había encarnado esperando que hubiese un gran bagre. Un espinel era como tener veinticinco cañas de pescar, distribuidas por todo el lago.

Me encantaba pescar bagres, pero era algo mucho más especial cuando papá nos llevaba a un lugar donde el espinel comenzaba a agitarse y casi se escapaba de sus manos. Eso significaba que había un pez. Era en ese momento cuando nosotros, los tres niños, mirábamos con ojos bien abiertos cómo papá luchaba con la línea hasta que, finalmente en victoria, podía meter el pez arriba del bote justo sobre nuestros pies. ¡El dinero no puede comprar ese tipo de entretenimiento! El circo con un carnaval juntos no podían darnos esa clase de diversión.

Una de esas salidas demostró ser mucho más divertida que las demás, convirtiéndose en una experiencia llena de acción que nunca olvidaré. Era un hermoso día cuando comenzó, pero para cuando terminamos de pescar percas y nos dirigíamos hacia el espinel, todo cambió. De repente, una tormenta vino sobre el lago y no había tiempo de volver al muelle. El cielo se oscureció, relampagueaba y caían gotas de lluvia tan grandes que nos lastimaban al chocar con nuestra piel. Entonces, al poco rato, estábamos en medio de una tormenta de granizo tan grande como del tamaño de unas canicas.

Podía ver el temor en los ojos de mi madre, y sabía que estábamos en peligro. Pero antes de que tuviera tiempo para saber qué íbamos a hacer, papá había llevado el bote a la orilla de la única isla en ese lago. Hoy día hay muchos muelles que rodean esa isla, pero en aquel entonces parecía una isla desierta, sin ningún lugar para refugiarnos de la tormenta. En pocos momentos, papá nos hizo salir del bote y nos ordenó a los tres que nos recostáramos en el suelo, al lado de mamá. Rápidamente, tomó una lona del bote y se arrodilló al lado nuestro para cubrirnos con la lona a los cinco. La tormenta era fuertísima fuera de esa carpa; la lluvia golpeaba, caían rayos y tronaba. Pero lo único en lo que podía pensar era cómo me sentía con sus brazos cubriéndonos. Había una cierta paz, difícil de explicar, cuando estábamos allí debajo en la protección del refugio que mi padre había armado. De hecho, nunca me sentí tan a salvo y segura en toda mi vida. Recuerdo pensar cómo hubiese deseado que esa tormenta durase para siempre. No quería que nada arruinara la maravillosa seguridad que sentí aquel día; allí, en nuestro *refugio secreto*. No quería que esto se terminara, me sentía muy protegida en los fuertes brazos de mi padre.

Aunque nunca olvidé esa experiencia cuando fuimos de pesca al lago, hoy cobró un nuevo significado. Así como papá puso una lona sobre nosotros para protegernos de la tormenta, nuestro Padre celestial tiene un *lugar* secreto en sus brazos para protegernos de las tormentas que se desatan en el mundo a nuestro alrededor.

El temor está por todos lados hoy día. Incluso los niños que tienen la seguridad de un hogar lleno del amor de una madre y de un padre, no pueden dejar de percibir la creciente ansiedad que plaga nuestras escuelas, nuestras calles, nuestros periódicos y nuestros televisores. Los suicidios se convierten en algo frecuente. ¿Pero sabía usted que este lugar en Dios existe para todo aquél busca refugio en él? *De lo que Dios nos habla en el Salmo 91 es de un verdadero lugar de seguridad y protección física.*

El lugar secreto es un lugar literal, ¡pero también es condicional! En el versículo 1 del Salmo 91 Dios lista nuestra parte de las condiciones, antes de mencionar las promesas incluidas en su parte. Eso es así porque *nuestra* parte tiene que cumplirse primero. Para permanecer en la *sombra* del Altísimo, debemos *escoger* habitar bajo su abrigo.

La pregunta es, ¿cómo habitamos en la seguridad y refugio del Altísimo? Es mucho más que una experiencia intelectual. Este versículo habla de una morada donde podemos estar físicamente a salvo, si corremos hacia Él. Usted tal vez crea que Dios es su refugio, e incluso lo reconoce en su mente en su tiempo de oración, pero si no se *levanta* y *corre* al refugio, nunca lo experimentará. Denomino a ese lugar de refugio como *¡la caminata de amor!*

La mayoría de los niños tienen un escondite secreto donde se sienten a salvo y protegidos, resguardados del resto del mundo. Tienen que aprender, sin embargo, que esos lugares donde se sienten protegidos son buenos, pero que no los protegerá de todo. Cambiará sus vidas, por el contrario, cuando se les diga que hay un lugar donde pueden estar a salvo de todo el mal de este mundo. Qué gran tesoro que les entregamos cuando les enseñamos que Dios dice que él es un verdadero refugio contra cualquier mal en la tierra; si tan solo ellos corren a él. ¿Y cómo corren hacia Dios? No van con sus pies.

Cullen y Meritt

¡Van hacia Dios con sus corazones! Deben aprender que corren a Dios cada vez que piensan en él; cada vez que le dicen al Señor que le aman.

Cuando nuestros nietos Cullen y Meritt eran jóvenes, muchas veces pasaban la noche con nosotros. Cuando terminaban de desayunar, cada uno se iba a su refugio secreto para pasar tiempo hablando con Dios. Cullen encontró un lugar detrás de un sofá en el cuarto y Meritt iba detrás de la lámpara en la esquina de nuestra recámara. Esos lugares se convirtieron en lugares especiales para ellos.

¿Cuál es su lugar secreto? Todos necesitan la seguridad y la protección de un refugio y un lugar secreto con el Altísimo.

Capítulo

¿QUÉ SALE DE MI BOCA?

Diré yo a Jehová: Esperanza mía, y castillo mío;
Mi Dios, en quien confiaré.

—Salmo 91:2

¿Acaso notó que debe decirle *fuertemente y en voz alta* que *Dios* es su *esperanza y castillo*? Él quiere que usted le diga que confía en Él. No es suficiente con el hecho de pensar en Dios. Cuando usted declara la Palabra de Dios en voz alta y la cree, suceden cosas en el campo espiritual.

Es muy fácil comprender por qué Dios quiere que lo digamos en voz alta. ¿Cómo se sentiría alguien si viviera en la casa con su padre y su madre y los viera todos los días, pero nunca le dijeran nada? No se sentiría bien, ¿verdad? Cuando usted le dice a Dios que cree que él le protegerá, Dios lo oye, sus ángeles lo oyen y también el diablo lo oye. Luego Dios dice: "Diablo, tú no puedes lastimarle. Esa persona confía en mi Palabra y está protegida", y los ángeles de Dios se ponen a trabajar para protegerle.

Muchas veces hacemos todo lo que está a nuestro alcance para protegernos y, en cierto modo, eso no está mal. Es bueno comer sano y obedecer las leyes de tránsito, o incluso ir al médico cuando uno debe ir. A Dios le agrada cuando hacemos cosas sabias, pero esas cosas no siempre nos protegen. Dios es el único que puede protegernos de *cualquier* problema.

¿Sabe por qué Dios nos llama sus *ovejas*? Porque la oveja es el único animal que no tiene protección por sí sola. No es como un perro que puede ladrarle a sus enemigos o como un zorrillo que puede rociar un feo olor para que no lo molesten. Algunos animales tienen dientes filosos para protegerse, pero la oveja no tiene nada para protegerse, excepto por su pastor. Nosotros somos las ovejas de Dios y Jesús es nuestro buen pastor. Él quiere que sepamos que él nos protege. Así como los pastores en las laderas cuidan a sus ovejas, Jesús quiere protegernos a nosotros.

Cuando siento temor de que algo malo va a ocurrir, digo en voz alta: "Jesús, eres mi buen pastor y yo soy tu oveja. Sé que tú me protegerás porque me lo prometiste en el Salmo 91, así que no tendré temor. En el nombre de Jesús, le digo a ese temor que desaparezca ahora mismo".

Se viene a mi mente una ocasión en la que Dios trajo vida en medio de la muerte. Toda la familia estaba reunida cuando nuestra nuera, Sloan, obtuvo la buena noticia de que estaba en estado y tendría el primer nieto por ambos lados de la familia.

Como antes tubo un embarazo ectópico, el doctor ordenó que le hicieran una ecografía como medida preventiva.

El resultado alarmante de la ecografía fue: "No se encuentra ningún feto, hay mucha agua en el útero e indicios de endometriosis". Con menos de dos horas de aviso, la cirugía de emergencia comenzó para que el doctor hiciera una laparoscopía, drenando el útero y raspando toda la endometriosis. Después de la cirugía, las palabras del doctor fueron: "Durante la laparoscopía miramos por todos lados, y no había ninguna señal de que hubiese un bebé, pero quiero verte de nuevo en mi oficina en una semana para asegurarnos de que este líquido no aparezca de nuevo". Cuando Sloan argumentó que su prueba de embarazo había salido positiva, él le dijo que había noventa y nueve por ciento de probabilidad de que el bebé fuera abortado naturalmente y que se hubiese absorbido en la membrana uterina.

Aún así, después de que el doctor se fuera de la habitación, Sloan era la única que no estaba incómoda con el informe. Lo que ella dijo a continuación nos sorprendió a todos. Dijo que el doctor le había dejado un uno por ciento de probabilidad, y que ella la tomaría. Desde ese momento en adelante, ningún comentario de sus amigos con buenas intenciones que no querían que ella se desilusionara podía cambiar su parecer. Nunca nos mencionó nada acerca de confesar en voz alta el Salmo 91 u otro pasaje de la Biblia que decía: "No moriré, sino que viviré, y contaré las obras de JAH" (Salmo 118:17).

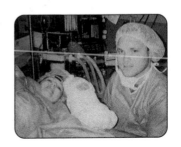

El orgulloso padre Bill con su bebé recién nacido, Cullen.

Una extraña mirada apareció en el rostro de la técnica que administraba una ecografía la siguiente semana. Llamó a un doctor de inmediato. Su reacción era algo desconcertante para Sloan, hasta que Sloan oyó: "Doctor, creo que tiene que venir rápidamente, ¡acabo de encontrar un feto de seis semanas!". No era nada más y nada menos que un milagro, que procedimientos tan invasivos no hubiesen dañado ni destruido esa delicada vida en su etapa inicial de desarrollo. Cuando veo a mi nieto, es imposible imaginarse la vida sin él. Le agradezco a Dios que mi nuera cree en su pacto y que no tiene temor de *confesarlo en voz alta* en medio de un informe negativo.

Dios quiere que usted crea en su Palabra más que lo que cree en cualquier persona que le dice algo distinto; dejando de lado lo inteligente o importante que esa persona pueda ser. Dios es fiel a su Palabra si confiamos en Él.

Note que el versículo 2, en el comienzo del Salmo 91, dice: "Diré yo...". Marque con un círculo la palabra *diré* en su Biblia, porque debemos aprender a verbalizar nuestra confianza. En ningún lado de la Biblia dice que debemos *pensar* la Palabra. Hay algo que sucede cuando la *decimos*, algo que desata el poder en el campo espiritual. Se nos dice que debemos meditar en la Palabra, pero cuando buscamos la definición de *meditar*, significa "murmurar". Le respondemos a Dios lo que nos dice en el primer versículo. ¡Hay poder en declararle su Palabra a Él!

Joel 3:10 le dice al débil que diga: "Fuerte soy". Vez tras vez encontramos a hombres de Dios como David, Josué, Sadrac, Mesac y Abed-nego haciendo sus declaraciones de fe, en voz alta, en medio de situaciones peligrosas. Note lo que ocurre en nuestro interior cuando usted dice: "Señor, tú eres la esperanza mía, y mi castillo; Mi Dios, en quien confiaré". Cuanto más lo decimos en voz alta, más seguros nos sentimos de contar con su protección.

Muchas veces, como cristianos, estamos de acuerdo en nuestra mente de que el Señor es nuestro refugio, pero eso no es suficiente. Se desata el poder cuando uno lo declara en voz alta. Cuando lo declaramos y lo creemos, nos ubicamos en su refugio. Cuando declaramos su señorío y su protección, abrimos la puerta del lugar santísimo.

¿Alguna vez intentó protegerse de todas las cosas malas que pueden suceder? Dios sabe que nos es imposible. El Salmo 60:11 nos dice: "...vana es la ayuda de los hombres". Dios tiene que ser nuestro refugio para que las promesas del Salmo 91 funcionen.

Algunos citan el Salmo 91 como si fuese una especie de "varita mágica", pero no hay nada mágico acerca de este salmo. Es poderoso y simplemente funciona porque es la Palabra de Dios, viva y activa. Y lo confesamos en voz alta porque la Biblia nos dice que así lo hagamos.

¿Se recuerda cuántas veces dice la Biblia que no tengamos temor? ¡Trecientas sesenta y seis veces! Dios seguramente quería que oyéramos lo que tenía que decirnos cuando dijo: "*¡No tengan temor!*". ¿Sabía usted que Dios le dio el *nombre de Jesús* y las *Sagradas Escrituras* para usarlas como armas contra el enemigo y los malos espíritus que obran en las malas personas? Pero esas armas no nos sirven de nada si no sabemos cómo usarlas. Casi todos saben cómo usar un arma. Si ahora mismo le diera un cuchillo o un revólver, usted no trataría de usar sus pies para hacerlos funcionar. ¡Claro que no! Usted sabe que debe tomarlos con la mano y utilizar sus dedos para que funcionen. Pero la mayoría de las personas desconocen qué parte del cuerpo se debe usar para hacer que las armas espirituales funcionen. *Usted opera las armas espirituales con su boca y con su lengua.* Cada palabra que dice es un arma espiritual, ya sea para bien o para mal.

¿Sabía usted que sus palabras son poderosas? Cada palabra que declara con fe podrán cambiar las cosas para bien o para mal. Por eso es tan importante declarar lo que dice la Palabra de Dios. Si usted dice cosas negativas en contra de la Palabra de Dios, entonces traerá cosas malas a su vida. Por ejemplo, cuando dice: "Siempre me enfermo", u "Odio a mi hermano [o hermana]", o "No quiero leer la Palabra de Dios", o "Dios me defraudó", usted está usando las armas de Satanás. Lo que sale de su boca dispara un arma de Dios o una de Satanás.

> La muerte y la vida están en poder de la lengua.
> —PROVERBIOS 18:21

Cuando enfrento un desafío, he aprendido a decir: "En esta situación en particular _____ [nombre la situación en voz alta] yo elijo confiar en ti, Señor". La diferencia cuando proclamo en quién confío en voz alta es una cosa maravillosa.

Note lo que sale de su boca en tiempos de problemas. Lo peor que puede ocurrir es que salga algo que traiga muerte. Insultar no permite que Dios pueda obrar. Este salmo nos dice que hagamos exactamente lo opuesto; ¡hablar vida!

Nuestra parte en este pacto de protección se expresa en los versículos 1 y 2 del Salmo 91. Note muy bien estas palabras: "El que *habita...*" y "*Diré* yo...". Estas palabras, las cuales son *nuestra responsabilidad* bajo los términos de este pacto, desatan el poder de Dios para que cumpla sus promesas de los versículos 3 al 16.

Capítulo

DOBLE LIBERACIÓN

Él te librará del lazo del cazador, de la peste destructora.

—Salmo 91:3

¿Alguna vez vio una película donde un cazador de pieles viaja hasta las montañas en el clima frío? Prepara unas trampas grandes de acero con la carnada, las cubre con ramas y luego espera para que un animal distraído pise la trampa. Esas trampas no están allí por accidente. El cazador se aseguró de ubicarlas en lugares estratégicos. En tiempos de guerra, los campos minados son planeados de la misma manera. Esas minas se ubican, de manera metódica, en lugares bien calculados.

Esas son ilustraciones de lo que el enemigo nos hace. Por eso es que se llama ¡el *cazador*! Las trampas para nosotros no están puestas allí por casualidad. Es una trampa que tiene su nombre. Son hechas a medida, ubicadas con la carnada justa para cada uno de nosotros. Pero como un animal atrapado, cuando caemos, sufrimos un lento proceso de dolor. No nos morimos al instante. Estamos atrapados, hasta que luego llega el cazador y nos destruye.

Nuestros hijos deben aprender que el mejor truco de Satanás es tentar a alguien para que peque. La tentación es una de las trampas de Satanás. Si uno cae en la tentación y peca, es como caer en una trampa y sólo nos sucederán cosas malas.

El enemigo sabe exactamente qué es lo mejor para atraparnos, y sabe exactamente qué *pensamiento* debe poner en nuestras mentes para guiarnos a la trampa. Por eso Pablo nos dice en 2 Corintios 2:11 que seamos personas "[que] no ignoramos sus maquinaciones". Luego dice:

> Porque las armas de nuestra milicia no son carnales, sino poderosas en Dios para la destrucción de fortalezas, derribando argumentos y toda altivez que se levanta contra el conocimiento de Dios, y llevando cautivo todo pensamiento a la obediencia a Cristo.
>
> —2 CORINTIOS 10:4–5

A veces, las trampas del enemigo son trampas *físicas* enviadas para destruirle. En la ciudad donde vivimos, hay una vertiente de azufre y, cuando éramos jóvenes, era una gran piscina. Mi padre tenía una lesión en la espalda y el doctor quería que él flotara en esa agua tibia con azufre, todos los días. Nos encantaba la idea porque papá nos había comprado unos pases para ir a nadar durante esta temporada, así es que cuando llegaba a casa del trabajo, todos nos íbamos a nadar a esa piscina mientras papá flotaba.

Mi hermano tenía cinco años y, a pesar de que ya era un buen nadador, mi madre hacía que usara un chaleco salvavidas. En aquel entones, a esos grandes chalecos anaranjados los llamaban "alas de agua".

Había una gran plataforma de concreto en el medio de la piscina con un trampolín, y era muy divertido ver quién podía aguantar más la respiración y nadar de un lado al otro, por debajo de la plataforma. Sin embargo, uno de esos días, mi hermano decidió nadar por debajo del agua por todo el largo de la plataforma. Quiso empezar desde la parte onda de la plataforma y terminar en el otro lado donde

Parte de la diversión familiar, nadar en la piscina o ir al lago.

estaban los escalones. Quiere decir que para cuando llegara a los escalones, tenía que ir debajo del agua, sosteniéndose de los escalones y esforzándose para poder sumergirse con el chaleco salvavidas y todo. Sin un chaleco salvavidas, esa aventura seguramente hubiese estado bien, pero cuando trató de sumergirse con el chaleco puesto, este se quedó atrapado contra uno de los escalones y estaba sumergido tres pies (un metro) bajo el agua.

Nuestra hermanita, que era dos años más chica que nuestro hermano, decía: "¿Dónde está Bubba?", hasta que alguien prestó atención a lo que dijo y el pánico se desató. Comenzamos a buscar por todos lados en esa gran piscina. Esta no era una piscina como las de hoy día, no se podía ver el fondo de esta porque el azufre hacía que el agua fuese de olor fuerte y un poco verdosa. Pero mi padre pudo ver apenas parte del chaleco salvavidas en el agua turbia y saltó y luchó hasta lograr destrabar el chaleco. Incluso tuvo que hundir más a mi hermano para poder zafar el chaleco salvavidas y sacarlo a la superficie.

Nadie sabía cuánto tiempo había estado bajo el agua, pero por lo menos habrían sido unos minutos. Ya había aguantado la respiración para nadar por debajo de la plataforma hasta llegar a los escalones, más el tiempo hasta que nos dimos cuenta de que no estaba con nosotros, y el tiempo que se necesitó para que mi padre lo destrabara. Cuando luego le preguntamos a mi hermano si tuvo miedo nos dijo: "No, yo sabía que papá iba a venir a rescatarme de la trampa, pero no me gustó cuando me hundió aun más, porque yo quería ir hacia arriba".

La razón por la que le cuento esta historia es porque es un ejemplo perfecto de cómo debemos ver a nuestro Padre celestial si nos sentimos atrapados. Si oramos y ponemos nuestra confianza en Dios, él nos rescatará de la trampa que Satanás nos tendió. Y también debemos confiar en Dios y no temer cuando hay cosas que no entendemos. Recuerde, fue difícil para un niño de cinco años entender por qué su padre lo hundía aun más, pero fue la única forma de librarlo de la trampa.

Nuestro Padre celestial nunca hará algo que no sea lo mejor para nosotros. Dios no solo nos libra de la trampa puesta por el cazador (Satanás), sino que según la última parte del versículo 3, Él también nos libra de la "peste" destructora. Siempre pensé que una pestilencia era algo que atacaba a las cosechas; insectos, langostas, arañas, termitas, moho o pudrición de la raíz. Sin embargo, después de hacer un estudio sobre la palabra "pestilencia", descubrí, para mi asombro, que las pestilencias atacan a las personas, ¡no a las cosechas!

"Pestilencia" es "enfermedad contagiosa y grave que origina gran mortandad". Estas enfermedades mortíferas se adhieren al cuerpo de una persona con la intención de destruirlo. Pero Dios nos dice en el versículo 3 que Él nos librará de esas enfermedades mortales.

Dios puso esta promesa preventiva en el versículo 3 para que usted pueda afirmarse sobre la protección contra las dos maneras en las que el mal puede destruir la vida. Ponga en práctica el detenerse por completo en el instante exacto cuando la tentación asoma su fea cabeza. Diga en voz alta: "Dios me libra del lazo del cazador; de esa cosa que me cambia el temperamento, de esa lujuria que trata de generarse en mi corazón, de esa persona que me ofende de continuo y de esa situación que hace que siempre me frustre".

No conozco a muchas personas que piensen en el Salmo 91 como una buena promesa escritural para evitar que uno caiga en la trampa del pecado repetitivo, o que se den cuenta de cómo evitarlo y proclamar que Dios les ha librado del mal. Este versículo nos habla de una doble liberación de estas trampas.

¿De qué serviría ser librado del mal si uno después cayera en un pecado que nos destruye? Por otro lado, ¿de qué nos serviría ser librados del pecado para luego ser destruidos por una pestilencia mortífera? Gracias a Dios que este versículo cubre ambos aspectos. La oración diaria de un padre debería ser de agradecimiento a Dios porque nuestros hijos son librados del pecado y de las enfermedades mortíferas. Qué gran regalo; pero un regalo sin usar puede ser mortífero.

Capítulo

DEBAJO DE SUS ALAS

Con sus plumas te cubrirá, y debajo de sus alas estarás seguro.

—Salmo 91:4

C uando uno se imagina un gran pájaro volando, por lo general no se nos viene una gallina a la mente. Creo que ni siquiera vi que se ilustrara alguna vez a una gallina volando; sí a las águilas, pero no a las gallinas. Citamos Isaías 40:31, que habla de levantar alas como las águilas. Hay una diferencia entre estar *sobre* sus alas o *debajo* de sus alas. La promesa en el Salmo 91 no se trata de las alas de *vuelo*, sino de las alas de *escudo*. Una indica *fortaleza y logros*, mientras que la otra denota *protección* y *familiaridad*. Cuando uno se imagina el calor de un nido y la seguridad de estar debajo de las alas del cuidadoso amor de una gallina con sus polluelos, esto muestra una gran ilustración de las alas del cuidado y de la protección de Dios a las que el salmista hace mención en este pasaje.

¿Están todos protegidos debajo de sus alas? ¿Notó que el versículo dice: "Con sus plumas te cubrirá, y debajo de sus alas *estarás* seguro"? Otra vez, ¡esa decisión depende de nosotros! Podemos buscar refugio debajo de sus alas si *escogemos* hacerlo.

A los niños debería enseñárseles que deben buscar la protección bajo las alas del Altísimo. Nosotros, como padres, tenemos la autoridad sobre el bienestar de nuestros hijos cuando están en nuestro hogar y bajo nuestra cobertura. Y todavía tenemos cierto tipo de autoridad sobre nuestros hijos por el resto de sus vidas, pero una vez que son adultos, se les debe enseñar que tienen que hacer este pacto ellos mismos y así permanecer bajo las alas del Altísimo.

El Señor me dio una vívida ilustración de lo que significa buscar refugio debajo de sus alas, y descubrí que esta ilustración brinda un mayor entendimiento a los corazones de nuestros hijos. Mi esposo Jack y yo vivimos en el campo, y durante una primavera una gallina tuvo varios pollitos. Una tarde, cuando estaban todos esparcidos por el jardín, vi la sombra de un gran halcón. Luego noté algo que me enseñó una lección que nunca olvidaré. La gallina no fue corriendo tras los pollitos ni saltó sobre ellos para tratar de cubrirlos. ¡No!

Al contrario, ella se agachó, estiró sus alas y comenzó a cloquear. Y esos pequeños pollitos, de todos lados, venían corriendo *hacia ella*, para meterse debajo de esas alas estiradas. Luego la gallina apretó las alas, para contener de manera segura a cada uno de los pollitos debajo de ella. Para llegar a esos pollitos, el halcón primero tendría que pasar por la madre.

Cuando pienso en esos pollitos corriendo hacia su madre, me doy cuenta de que debajo de sus alas *pueden* buscar refugio, pero tienen que correr a Él. "Con sus plumas te cubrirá, y debajo de sus alas estarás seguro". Esta palabra *estarás* ¡es una gran palabra! Nuestros hijos deben aprender que todo esto depende de nosotros. Lo único que hizo la gallina fue extender sus alas y llamar para que los pollitos vinieran a ella. Este versículo muestra el lado maternal de Su protección:

> Como las aves que vuelan, así amparará Jehová de
> los ejércitos a Jerusalén,
> amparando, librando, preservando y salvando.
> Volved a aquel contra quien se rebelaron
> profundamente los hijos de Israel.
> —Isaías 31:5–6

> Jerusalén, Jerusalén… ¡Cuántas veces quise juntar a
> tus hijos, como la gallina junta sus polluelos debajo
> de las alas, y no quisiste!
> —Mateo 23:37

Es interesante ver la correlación que Jesús emplea con el amor *materno* para demostrar su unión a nosotros. Hay cierta ferocidad en el amor maternal que no podemos pasar por alto. Dios está sumamente comprometido con nosotros; pero aún así nosotros *podemos* rechazar sus brazos abiertos si así lo quisiéramos. Están disponibles, pero no es automático.

Dios no corrió por aquí o por allá tratando de cubrirnos a todos. Él dice: "Tengo esta protección disponible para ustedes. ¡Corran a mí!". Y cuando corremos a Él en fe, *¡el enemigo tiene que pasar por Dios para llegar a nosotros*! Jesús usaba ilustraciones con frecuencia para poder explicar un punto, y qué gran ilustración es esta de la protección de nuestro Padre.

Capítulo

GRAN FORTALEZA ES MI DIOS

Escudo y adarga es su verdad.

—S<small>ALMO</small> 91:4

Q uiero que se imagine un gran escudo delante de usted, uno tan grande que usted se puede esconder detrás de él y nadie puede verle. Ese escudo es Dios. *Su fe en esas promesas y en la fidelidad de Dios de hacer lo que Él dice se convierte en un escudo* enfrente de usted, para protegerla de las cosas peligrosas con las que el enemigo quiere lastimarle.

Cuando usted no está detrás del escudo, el enemigo puede verla y lastimarla. También se encontrará fuera del escudo cuando *olvida* las promesas de Dios y tiene mucho miedo. Una de las trampas más grandes del enemigo es susurrarnos pensamientos de miedo no solo en nuestras mentes como padres, pero también en la de nuestros hijos. Tenemos que enseñarle a nuestros hijos que cuando esos pensamientos vengan, ellos pueden rechazar ese ataque diciendo: "¡Mi fe es fuerte porque yo sé que Dios es fiel, y su fidelidad es mi escudo!".

Jack a la edad de siete en su viaje de pesca.

A menudo escucho a la gente decir: "No puedo vivir bajo la protección de Dios. Yo me he equivocado muchas veces. Me siento una persona culpable e indigna". Dios conoce nuestras debilidades. Nuestros hijos deben aprender que no pueden merecerse ni ganarse esta protección, así como tampoco pueden ganarse la salvación. Lo principal es que si nos tropezamos o caemos, no debemos quedarnos acostados. Levántese, arrepiéntase, y vuelva a meterse bajo el escudo de protección. Qué bueno que el siguiente versículo muestra que es su fidelidad, no la nuestra, la que es nuestro escudo.

Si fuéremos infieles, él permanece fiel; Él no puede negarse a sí mismo.

—2 TIMOTEO 2:13

Este fue el caso con mi esposo. Dios verdaderamente le mostró a Jack su fidelidad cuando él tenía siete años de edad. Todas las personas que trabajaban para su padre habían llevado sus botes al lago Brownwood para pescar con redes. Habían puesto a Jack en un bote con cinco adultos, así podría estar bien supervisado. Como uno de los hombres en el bote era un nadador experto, su madre y su padre pensaron que él estaría en buenas manos.

Tarde en la noche, durante uno de esos momentos en que los botes iban y venían a la orilla a buscar carnada, Jack se bajó de su bote y se metió en otro sin que nadie lo viera. Luego ellos se volvieron a ir, sin Jack, otra vez al lago en medio de la oscuridad. Esto era antes cuando no había reglas sobre salvavidas y luces en los botes de pesca, así que nadie vio exactamente que fue lo que pasó. Tal vez se dieron contra un tronco. Pero, por alguna razón, el bote en el que Jack había estado se hundió. Las cinco personas se ahogaron, incluyendo el nadador experto. Yo creo que el plan del enemigo fue matar a Jack a tan temprana edad, pero Dios tenía otros planes.

Michele Hargrove, madre de tres niños en Houston, Texas, nos cuenta su experiencia familiar con el escudo de protección de Dios en la vida de su hijo de doce años, Ross, durante unas vacaciones de esquí. Ella nos cuenta aquí la historia.

Nuestros hijos son un poco más grandes (diecinueve, quince y doce), así que ellos disfrutaban esquiar sin nosotros algunas veces durante ese viaje. Fue en el sexto día que miré hacia la pista y vi a los tres subirse a la telesilla. Logramos llamarles la atención y luego nos encontramos con ellos en la cima. Después de pasar un rato juntos, hicimos planes para encontrarnos más tarde para almorzar y bajamos todos juntos la montaña (mi esposo, todos los niños y yo juntos). Como a la mitad de la montaña me topé con mi esposo, estaba gritando y había una gran conmoción. Mi hijo estaba desplomado debajo de un árbol.

Lo había chocado un hombre inmenso (por lo menos de 200 libras; 90 kilos) quien estaba yendo a toda velocidad antes de chocar contra mi hijo. Ross es un niño pequeño para su edad. ¡Pesa como 75 libras (30 kilos) todo mojado! Mi esposo vio el

Ross Hargrove

impacto y vio al hombre chocarlo, ¡luego vio a Ross *volar como un helicóptero* en el aire y golpearse contra el árbol! El hombre estaba parado cuando yo llegué, pero unos segundos después cayó inconsciente. Si nunca ha esquiado, la velocidad que uno alcanza cuando baja una montaña puede causar un gran daño. Cuando mi esposo y yo llegamos donde estaba nuestro hijo, él trató de sentarse y su brazo estaba caído en una posición muy rara y antinatural. Cuando los paramédicos llegaron, me puse a un lado y tomé las manos de mis dos hijas y oramos el Salmo 91, fuertemente, sobre la vida de Ross. Luego de que lo cargaran en un trineo, pude ir con él en la moto de nieve que lo trajo hasta el pie de la montaña. Oré este salmo de continuo, vez tras vez, mientras íbamos hacia la ambulancia. No sólo estaba preocupada por el brazo, sino por las heridas en el cuello y la cabeza. Nos llevaron rápidamente al hospital, y luego que le hicieron radiografías y tomografías computarizadas, nos dieron su estado: no había ningún hueso roto, ¡no había nada malo en él! Lo dieron de alta, y aunque estaba adolorido y con un poco de moretones, estaba bien. Mi esposo y yo, los dos, insistimos en que le hicieran más estudios en su brazo porque los dos habíamos visto cómo estaba colgado y sabíamos que tenía que estar fracturado. ¡Pero Dios respondió nuestra oración y lo sanó completamente! Yo creo que fue un milagro que los hayamos visto en esa montaña gigante con una cantidad de telesillas. Fue una bendición que hayamos estado ahí con ellos y poder atravesar esta terrible experiencia. Fue un milagro que mi hijo, tan chiquito, haya salido ileso cuando este hombre gigante terminó con muchos problemas y estuvo mucho tiempo en el hospital.

…Mi hijo sólo tiene doce años, pero tiene un testimonio poderoso que puede usar para ayudar a las personas a entender el amor de Dios y el poder de la oración, y el pacto de protección de Dios. ¡Dios es tan bueno![1]

Ahora, el que este versículo del Salmo 91:4 declare la fidelidad de Dios hacia nosotros como escudo y como baluarte en una analogía de dos capas. Este pasaje usa dos símbolos militares sobre la fortificación y la protección. Dios es nuestro baluarte, nuestra torre, nuestro muro de protección en sentido colectivo, y también es nuestro escudo, una defensa muy individualizada. Este versículo indica una *doble* protección.

Capítulo

NO TEMERÉ
AL TERROR

No temerás el terror nocturno.

—Salmo 91:5

Es interesante notar que lo que dicen los versículos 5 y 6 del Salmo 91 abarca un período de veinticuatro horas, enfatizando la *protección de día y de noche*. Pero lo que es más importante aun es que estos versículos abarcan *todos los males que el hombre conoce.*

El salmista los divide en cuatro categorías. Veremos cada una de estas categorías una a la vez. La primera, el *terror nocturno*, incluye todos los males que vienen del hombre: secuestros, robos, homicidios, terrorismo y guerras. Pocos padres han escapado del terror u horror, o incluso una alarma, de que algo malo le suceda a sus hijos. ¿Qué padre leyó el periódico donde hay un artículo sobre un niño secuestrado sin sentir un escalofrío por la espalda pensando que esto podría sucederle al suyo? Dios conoce los temores que los padres enfrentan, por eso dice que no tenemos que tener temor de estas cosas, porque ni siquiera se nos acercarán. La primera parte del versículo 5 habla del temor.

Vez tras vez Jesús nos dijo: "No temáis". ¿Por qué cree que continuamente nos recuerda esto? Porque es por medio de la fe en su Palabra que estamos protegidos; y como el temor es lo opuesto de la fe, el Señor sabe que el temor impedirá que operemos en la fe que necesitamos para poder recibir. No debería sorprender a nadie que Dios primero aborda el *temor al terror*.

El temor viene cuando pensamos que somos responsables por conseguir esta protección por cuenta propia. A menudo pensamos: "Oh, ¡si lo pienso bastante, entonces tal vez esté protegido!". Casi todos los padres que conozco han tratado de razonar algún plan de protección para cada tipo de situación vulnerable en la que su hijo se pueda llegar a encontrar. Lamento aguarle la fiesta a algunos, pero uno nunca podrá tener todas las bases cubiertas en lo natural. ¡Ese es un pensamiento erróneo! Dios quiere que nos demos cuenta de que la protección ya está allí.

La protección ya fue provista, aunque la recibamos o no. La fe simplemente es la *decisión de recibir* lo que Jesús ya *hizo*. La Biblia da claros ejemplos sobre cómo luchar contra el terror.

La respuesta está en la sangre de Jesús. Éxodo 12:23 nos dice que cuando Israel puso sangre sobre los marcos de las puertas, la destrucción no pudo entrar. La sangre del animal sirvió como un anuncio previo o ilustración de la sangre de Jesús que ratifica nuestra *mejor* protección; bajo un *mejor* pacto (Hebreos 8:6).

Cuando confieso en voz alta: "Mi hijo está cubierto y protegido por la sangre de Jesús", y lo creo, el diablo literalmente no puede entrar. Recuerde que el Salmo 91:2 nos dice: "Diré yo a Jehová: Esperanza mía, y castillo mío; Mi Dios, en quien confiaré". Dije esto antes, pero vale la pena repetirlo: se trata del *corazón y la boca*, de creer con nuestro corazón y confesarlo con la boca.

Si nos encontramos temerosos del *terror nocturno*, ese es nuestro barómetro que nos permite saber que no estamos viviendo en el abrigo del Altísimo ni creyendo en sus promesas para nosotros y nuestros hijos. El temor entra cuando confesamos otras cosas en vez de lo que Dios dijo. Cuando nuestra mirada no está en Dios, el temor entrará. Pero permita que ese temor sea un recordatorio para arrepentirse.

Por fe andamos, no por vista.

—2 Corintios 5:7

Debemos elegir creer en su Palabra y no tanto en lo que vemos; en especial, cuando se trata del temor al ataque. No es que neguemos la existencia del ataque, porque el ataque puede ser muy real. Pero Dios quiere que pongamos nuestra fe en su Palabra para que se convierta en una mayor realidad que la que vemos en lo natural.

Por ejemplo, ¡la ley de la gravedad es un hecho! Nadie niega su existencia, pero así como las leyes de la aerodinámica pueden sobrepasar la ley de la gravedad, los ataques de Satanás pueden ser superados por una ley mucho mayor; la ley de la fe y de la obediencia a la Palabra de Dios. La fe no niega la existencia del *terror*. Pero hay mayores leyes en la Biblia para vencer al temor.

David no negaba la existencia del gigante. El temor hace que comparemos nuestro tamaño contra el del gigante. La fe, por otro lado, hacía que David comparara el tamaño del gigante contra el de su Dios. Los ojos de David veían *al gigante*, pero su fe veía *las promesas* (1 Samuel 17).

A lo largo de los años como esposa de pastor, puedo recordar un sinnúmero de personas que nos llamaban a mi esposo y a mí buscando ayuda en medio de una emergencia. También recuerdo las veces que Dios, de manera milagrosa, había sanado el cuello roto del hijo de Audra, Skylar, cuando este se cayó de su bicicleta…cuando la aldea de misioneros de Jennifer McCullough fue atacada por homicidas…cuando Mary Johnson fue secuestrada y abandonada en una cabaña. La promesa de Dios en el Salmo 91 convirtió cada uno de esos desastres en victorias. Todos ellos eran amigos cercanos, y nos hubiese encantado haber estado involucrados de manera personal, a pesar de que estábamos orando por esos milagros a la distancia.

Pero ninguno de ellos se compara con esos momentos cuando el terror llega a nuestra puerta. Julee Sherrick experimentó uno de esos tiempos y nos cuenta la milagrosa intervención de parte de Dios. Sus padres son pastores que temen a Dios, que se mantienen firmes en las promesas de protección del Salmo 91 para la protección de sus hijos. Un domingo por la mañana particular, Julee se estaba alistando para ir a la iglesia cuando oyó un golpe en la puerta. Sorprendida de ver a un gran hombre tratando de entrar a su casa, Julee comenzó a utilizar la Palabra de Dios como defensa. En lo natural, no había manera de que una joven muchacha pudiese escapar de un hombre fuerte, pero sus padres le habían enseñado a confiar en el pacto de la promesa de la protección y a mantenerse firme y nunca darse por rendida.

Julee me contó su historia con sus propias palabras:

No necesité mucho tiempo para darme cuenta de que la intención de ese hombre era violarme. Recuerdo estar pensando: "Cosas como estas no me suceden a mí. Debo estar soñando". Me empujó hasta mi habitación y arrojó sobre la cama. Luchamos en la cama por lo que pareció ser como diez minutos. Mis emociones estaban descontroladas, pero mi espíritu era fuerte y me la pasé diciendo: "Jesús, ayúdame; Jesús, ayúdame". Ese hombre me dijo que me callara la boca, pero le dije: "No sé quién eres ni lo que has hecho, ni tampoco sé si la policía te está buscando, pero necesitas a Jesús. Yo voy a la iglesia hoy, y tú puedes venir conmigo". Cuando le decía cosas como esas, parecía detenerse por un momento. Luego, una mirada demoníaca venía sobre su rostro y seguía maltratándome. Y yo comenzaba a clamar a Jesús y a confesar sus promesas.

Julee Sherrick

Fueron como cuarenta y cinco minutos de batalla espiritual mientras que me seguía agrediendo, pero nunca dejé de reclamar la sangre de Jesús ni de citar sus promesas. Y cada vez, eso lo confundía más y quedaba inmovilizado, sin poder continuar con su ataque. Luego, durante uno de esos momentos de quietud, pude salir por la puerta y escaparme. Más tarde me enteré de que había sido atrapado y de que estaba bajo custodia, y que había atacado sexualmente a muchas mujeres y sólo yo había sido la única que se pudo escapar sin ningún rasguño. Le agradezco a Dios por su pacto de protección, pero nosotros debemos creerlo y ponerlo en práctica. Es cierto que salvó mi vida.[1]

Como padres, no hay manera de conocer el límite de la protección que le extendemos a nuestros hijos cuando usamos la autoridad para brindarles el conocimiento de las promesas que Dios nos hizo en el Salmo 91. No tenemos que tener *terror de lo que el hombre pueda hacer* para lastimarnos. Una de las mayores áreas de nuestra lucha como padres es que alguien lastime a nuestros hijos. Dios lo sabía y por eso nos proveyó con la mayor promesa de protección que podamos imaginar: que el terror no se nos acercaría. ¡Qué gran seguridad!

Capítulo

NO TEMERÉ A
LA SAETA

No temerás el terror nocturno, ni saeta que
vuele de día.

—SALMO 91:5

L a segunda categoría de mal es la *saeta que vuela de día*. Casi todos los niños saben lo que es una flecha; por eso es tan fácil explicarles que hay flechas en el mundo espiritual que hacen mucho más daño que en lo físico.

Las flechas pueden ser enviadas para lastimarle el cuerpo *físico*, pero también pueden dañar sus sentimientos en lo *emocional* o incluso alejarle de Dios *espiritualmente*. El enemigo envía estas flechas a propósito y trata de apuntarlas donde más nos dolerán. Algunas flechas son como la tentación que le hace caer en pecado, tal vez un aspecto de su vida donde pierde su temperamento, donde tal vez usted sea egoísta, donde sus sentimientos son lastimados con gran facilidad, donde aún se rebela contra sus padres, o donde todavía tiene temor. Piense en los ámbitos donde usted no es muy fuerte en la Palabra de Dios. Esos por lo general suelen ser los principales blancos.

Esta categoría indica que estamos en una zona de batalla *espiritual*; las flechas son enviadas por el enemigo, deliberada y meticulosamente, donde puedan *causar el mayor daño posible*. Rara vez el enemigo nos ataca en un área donde somos fuertes. Por lo general, nos ataca donde más luchamos. ¡Por eso tenemos que correr hacia Dios! Y cuando luchamos usando nuestras armas espirituales, las flechas del enemigo no se nos acercarán.

En Efesios 6:16 Dios nos dice que tenemos un "escudo de la fe, con el que [podemos] apagar todos los dardos de fuego del maligno". Esto cubre el área del peligro intencional. Las flechas son apuntadas a propósito y luego soltadas. Estas no son flechas comunes y de todos los días; están *encendidas*. Pero Dios no nos dice que podemos esquivar algunas de ellas. Nos dice que podemos *apagarlas todas*. Cuando se nos envían las flechas para dañarnos en lo espiritual, físico, mental, emocional o financiero, Dios quiere que pidamos y creamos, por fe, que Él nos *levantará* y nos librará de la calamidad. Pocos hijos saben que pueden ser levantados y quitados del paso del daño. Por eso es tan importante que se les enseñe esto.

Pero también hay flechas demoníacas que vienen hacia nosotros en forma de ocurrencias accidentales que nos pueden causar mucho daño; así como el incendio que comienza en la pared de una casa, el neumático que se revienta en la carretera, o la caída desde unas escaleras. Nuestra nieta Jolena y su hija, Peyton, experimentaron una protección milagrosa un día en casa, que comenzó como cualquier otro, hasta que sintieron la flecha de un accidente inesperado. Jolena nos cuenta la historia:

> Soy una mamá de tres niños muy ocupada y, por lo general, siempre ando de prisa. En este día en particular, estaba saliendo rápidamente por la puerta para ir a tomarle fotos a una amiga. Mi esposo estaba en el garaje con la puerta abierta. Yo le había dicho a nuestros tres hijos de siete, cinco y tres años de edad, que se quedaran adentro, jugando, que yo ya volvía; que si necesitaban algo el papá estaba en el garaje. Así que me subí al automóvil, puse marcha atrás y me desintonicé del resto del mundo.
>
> Este fue el mismo instante en el que el milagro ocurrió; las ventanillas de mi camioneta estaban levantadas, mi mente estaba enfocada en lo que tenía que hacer, y cualquier ansiedad dentro mío estaba quieta porque había dejado a mis tres hijos, a salvo, en el piso de arriba. Mientras retrocedía rápidamente, oí al amigo de mi esposo, Matt, ¡gritándome que me detuviera! Él y mi esposo comenzaron a correr hacia mi camioneta, ¡gritando el nombre de Peyton! Para mi gran horror, me di cuenta de que mi hija había salido, se había subido a su bicicleta y la había conducido detrás de mi camioneta. Mientras retrocedía, ella fue tumbada y se sostenía del parachoques.

Puede imaginarse la agonía de nuestra niña de cinco años mientras se sostenía del parachoques mientras que yo retrocedía. A pesar de que había mirado por encima de mi hombro y no por el espejo retrovisor, ella estaba muy abajo como para que la notara. Es absurdo tratar de explicar que las camionetas tienen un punto ciego. Ella se había ido detrás de mi camioneta sin que yo la viera. Para cuando la vi, ya era demasiado tarde; ya estaba debajo de la parte trasera de mi camioneta.

Peyton and Jolena

En lo que fueron unos segundos, que en realidad parecían una gran eternidad de agonía que no puedo explicar, ni Matt, ni Heath ni yo sabíamos qué esperar de esto. Ella estaba en el suelo, sobre su espalda, justo debajo de la parte trasera de la camioneta, con su cabeza directamente en el paso de la rueda. La bicicleta estaba completamente demolida y Peyton estaba debajo de su destrozada bicicleta. Un segundo más y la vida que conocía hubiese terminado por completo.

Su bicicleta quedó despedazada y sin arreglo. Cuando la levanté del piso, comencé a orar y a fijarme si tenía alguna lesión, ¡todo al mismo tiempo! Ella me miró de manera calmada y me dijo: "Mamá, todo está bien. No estoy lastimada, pero creo que voy a necesitar una bicicleta nueva". Y en verdad, ¡no tenía ni un rasguño! La abracé y le di gracias y gloria a Dios. Yo no pude ver a mi hija, pero Dios ve todo ¡y el puso a alguien allí para gritarme y detenerme justo a tiempo! Le doy gracias a Dios por nuestro Salmo 91 como pacto de protección.[1]

Tenemos un *pacto* con Dios que nos dice que *no tengamos temor de la saeta que vuela de día.* La maldad se desatará, pero no debemos temerle a las flechas. Él nos prometió que no darían en el blanco.

Capítulo

NO TEMERÉ
A LA
PESTILENCIA

No temerás el terror nocturno... Ni pestilencia
que ande en oscuridad.

—SALMO 91:5–6

Dado que hay tantas enfermedades horribles en el mundo, es casi normal pensar que está bien si nos enfermamos. Algunas personas creen que uno debe enfermarse de vez en cuando, pero eso no es verdad. No es natural que nos enfermemos, pero Satanás quiere que uno crea que sí lo es para poder hacernos enfermar. A veces, sin embargo, es difícil creer en las promesas del Salmo 91, porque vemos a muchas personas enfermas en el mundo.

Es importante renovar nuestra manera de pensar hasta que nuestros pensamientos se alineen con la Biblia. Mateo 8:16 dice que muchas personas eran llevadas a Jesús y que él las sanaba. Luego en el versículo 17 dice que hizo estas cosas para que se cumpliera lo que había dicho el profeta Isaías: "Él mismo tomó nuestras enfermedades, y llevó nuestras dolencias".

Aunque el mundo no crea en el poder sanador de Jesús, eso no implica que este no exista. Y la persona que tiene fe en la promesa de Dios para sanar podrá disfrutar de la sanidad, cada vez. Algunas personas creen que la fe es una cosa difícil, pero eso es porque creen que la fe es un "sentimiento". *La fe no es un sentimiento. La fe, simplemente, es decidirnos a creer lo que Dios dice en su Palabra y rechazar cualquier duda.*

La pestilencia es el único mal que Dios nombra dos veces en el Salmo 91. Dado que Dios no desperdicia palabras, debe haber una razón especial por la que repita esta promesa. Cuando les decimos algo a nuestros hijos más de una vez, por lo general se debe a que queremos que lo oigan. Dios sabía que la pestilencia y el temor andarían sueltos en estos días. El mundo está atestado de epidemias fatales que afectan a miles de personas, así que Dios capta nuestra atención repitiendo esta promesa.

Es como si Dios nos dijera: "Les dije en el versículo 3: 'Te libero de la peste destructora', ¿pero acaso me oíste? Por las dudas, lo voy a repetir en el versículo 6: '*¡No temerás... pestilencia que ande en oscuridad!*'".

Nuestro hijo, Bill, nació con un gran problema de membrana en sus pulmones. Estábamos muy alarmados porque era la misma enfermedad que, justo antes de que Bill naciera, había matado al bebé del presidente Kennedy, quien estaba rodeado por los mejores doctores de los Estados Unidos.

Nadie en el hospital esperaba que Bill sobreviviera, y lo colocaron en una incubadora durante más de un mes. Todos los días íbamos al hospital para verlo a través de una gran ventana. Era un tiempo difícil, pero de alguna forma Dios nos dio a mi esposo y a mí un regalo de fe para que creyéramos en el Salmo 91 de que él no moriría.

Es tan maravilloso ver todas las maneras en las que Dios obra misteriosamente cuando uno confía en su Palabra. El doctor de nuestro pequeño pueblo fue enviado por Dios, verdaderamente. Dos de sus sobrinos habían muerto por esa misma enfermedad, y había dejado de practicar la medicina durante un largo tiempo para tratar de estudiar y encontrar una cura. De hecho, el doctor acababa de volver a practicar la medicina un poquito antes de que Bill naciera. Así que cuando supo que Bill tenía la misma enfermedad que tuvieron sus sobrinos, comenzó a probar en Bill todo lo que había leído y estudiado. Y, de manera milagrosa, Bill comenzó a responder a uno de los tratamientos.

Bill por fin en casa

Gracias a Dios por su promesa; porque él nos libra de la pestilencia destructora. En vez de perder a nuestro bebé, pudimos llevarnos a nuestro bebito sano a casa. Sea lo que sea que creas o atraviesas, el Salmo 91 habla de la protección contra las enfermedades fatales (pestilencias) que están en nuestro mundo. Le agradecemos a Dios por lo que hizo en la cruz por cada uno de nosotros y por sus maravillosas promesas del Salmo 91.

La pestilencia que se menciona en el Salmo 91:6 se detalla por completo en la lista de plagas en Deuteronomio 28, donde se nombran más cantidades de pestilencias de lo que nos imaginamos. Gracias a Dios por su promesa en Gálatas 3:13 que nos dice que somos *redimidos* de la maldición.

Lucas 21:11 declara que una de las señales de los tiempos finales serán las pestilencias que se desatarán. Y hoy en día vemos muchas enfermedades desparramadas como el SIDA, el cáncer, los problemas cardíacos, la tuberculosis, y así sucesivamente; puede seguir sumando a la lista de los horribles desastres que golpean a la nueva generación. Pero no importa qué pestilencia enfrentemos nosotros o nuestros hijos, porque Dios declaró: "No temerás el terror nocturno, ni saeta que vuele de día, ni pestilencia que ande en oscuridad, ni mortandad que en medio del día destruya. Caerán a tu lado mil, y diez mil a tu diestra; *mas a ti no llegará*". (Salmo 91:5–7, énfasis añadido).

Capítulo

NO TEMERÉ
A LA DESTRUCCIÓN

No temerás el terror nocturno, ni saeta que vuele
de día. Ni pestilencia que ande en oscuridad, ni
mortandad que en medio del día destruya.

—Salmo 91:5–6

Esta cuarta categoría de mal es la *destrucción*. La destrucción abarca todos los otros males *sobre los que el hombre no tiene control*, aquellas cosas que el mundo, de manera ignorante, llaman *actos de Dios*: ¡tornados, inundaciones, granizo, huracanes, o incendios! Dios, de manera clara, nos dice que no debemos temer a la destrucción. Estos desastres naturales no son de Dios.

En Marcos 4:39 Jesús reprendió a la tormenta y esta se calmó por completo. Esto demuestra que Dios no es el autor de tales cosas; porque Jesús no hubiese contradicho a su padre reprendiendo algo que él enviara.

No existe lugar en lo natural donde usted puede ir para estar a *salvo de toda destrucción*; de todo desastre natural. Nunca podemos anticipar lo que va a suceder cuando menos lo esperamos. Pero no importa dónde usted se encuentre en el mundo, Dios dice que vayamos a su refugio, y que allí usted tendrá protección.

Nuestra nieta Jolena y su esposo, Heath Adams, fueron transferidos a Turquía justo antes de que se declarara la guerra en Iraq. Poco después de llegar a Turquía, Jolena comenzó a trabajar como salvavida en una piscina. Un día de junio,

Jolena Adams

comenzó a oír un fuerte sonido parecido al de un avión que rompía la barrera del sonido. Luego, todo comenzó a temblar. Todos a sus alrededor entraron en pánico cuando el agua comenzó a agitarse debido a un terremoto que luego se supo fue de 6,3 en la escala de Richter. Los nadadores trataban de salir del agua para buscar un lugar seguro, mientras que los niños se colgaban de Jolena y gritaban de miedo. Toda la gente alrededor gritaba, pero Jolena dijo que ella sentía que una paz y una calma vinieron sobre ella. Comenzó a orar el Salmo 91 en voz alta, reclamando la sangre de Jesús sobre las vidas de los niños en la piscina, sobre su hogar, sobre la base de la fuerza aérea. De repente, todos a su alrededor se quedaron perfectamente quietos y la oían orar. Nadie en la piscina ni en la base se había lastimado seriamente, pero a tan sólo cinco minutos de allí más de mil personas murieron en el terremoto.

¿Sabía usted que toda maldad que el hombre conoce cae dentro de una de estas cuatro categorías que vimos en los capítulos 6 al 9 (versículos 5 y 6 del Salmo 91): terror, saeta, pestilencia o destrucción? Y lo maravilloso es que Dios nos ofrece librarnos de todos ellos.

Este salmo no está lleno de excepciones o condiciones vagas como para darle a Dios un salvoconducto o justificación para no cumplir sus promesas. Al contrario, es una declaración audaz de lo que él *quiere* hacer por nosotros.

Podemos recibir cualquier cosa que Dios ya haya provisto. El secreto es conocer que para todas las cosas que Dios proveyó, él las definió y explicó claramente en la Palabra de Dios. *Si puede encontrar donde Dios lo ofrece, ¡entonces lo puede tener!* Nuestros hijos necesitan aprender que Dios nunca retiene nada. Su provisión ya está disponible, esperando para ser recibida.

Dios es fiel a todas las promesas que él hizo. No creó al hombre para luego dejarlo solo. Cuando nos creó, Dios automáticamente se hizo responsable por nuestro cuidado y por suplir nuestras necesidades. Y cuando él hace una promesa, es fiel para cumplir lo que prometió.

La fe no es una herramienta para manipular a Dios para que le dé *algo* que usted necesita. La fe es simplemente el medio por el cual aceptamos lo que Dios ya puso a nuestra disposición. Nuestra meta debe ser la *renovación* de nuestras mentes, a tal punto de que tengamos más fe en la Palabra de

Dios que en lo que percibimos con nuestros sentidos físicos. Dios no hace promesas que estén fuera de nuestro alcance.

Cuando el Señor comenzó a mostrarme estas promesas por primera vez, y mi mente aún luchaba con el "¿Cómo es posible?", *dudas*, me llevó a un pasaje de las Escrituras que me ayudó a liberarme:

> ¿Pues qué, si algunos de ellos han sido incrédulos? ¿Su incredulidad habrá hecho nula la fidelidad de Dios? De ninguna manera; antes bien sea Dios veraz, y todo hombre mentiroso; como está escrito: "Para que seas justificado en tus palabras, y venzas cuando fueres juzgado".
>
> —ROMANOS 3:3–4

Dios nos dice que a pesar de que haya algunos que *no crean*, su incredulidad nunca anulará sus promesas a aquellos que *sí* creen. En Romanos, Pablo, citando del Antiguo Testamento, nos da un importante recordatorio de que lo que como individuos escogemos creer y confesar hará que prevalezcamos en el tiempo del juicio.

A veces nos enteramos de estas cosas justo a tiempo. Tanya Cliff escribió diciendo que hubiese deseado que viéramos los ojos de sus niños brillando ¡cuando les llevaron cajas de mis libros! Y lo más animador es que la siguiente semana varias de las familias que estaban firmes en el Salmo 91 tuvieron maravillosos testimonios después de un horrible tornado. Una de las familias estaba justo en el curso del tornado y ninguna de las alarmas del área se disparó para darles una advertencia. Un vecino testificó que vio cómo el tornado se acercaba a la casa de sus vecinos, que luego subió, pasando por encima del techo, y luego continuó. La mayoría de las casas en esa cuadra fueron dañadas severamente o incluso destruidas, pero la de ellos estaba intacta. ¡Hasta la escalera que habían dejado sobre el camino de entrada estaba allí! La destrucción se dirigía a ellos, pero descubrieron las promesas de Dios justo a tiempo.

Sin las promesas de protección en las Escrituras, y especialmente sin nuestro Salmo 91, el cual *lista todas las formas de protección disponibles en un salmo*, puede que nos sintamos presuntuosos si, por nuestros propios medios, le pedimos a Dios que nos proteja de todas las cosas listadas en estos últimos cuatro versículos. De hecho, no tendríamos la audacia para pedir toda esta protección. Pero alabado sea Dios ¡que nos ofreció esta clase de protección antes de que nosotros pudiésemos pedirla!

Capítulo

CAERÁN
A TU LADO MIL

Caerán a tu lado mil, y diez mil a tu diestra;
Mas a ti no llegará…Porque has puesto a
Jehová, que es mi esperanza, al Altísimo por tu
habitación.

—SALMO 91:7, 9

H ay personas que no saben cómo reclamar estas promesas. Y a veces es difícil creer en la Palabra de
Dios cuando vemos a personas enfermas y murién-
dose a nuestro alrededor, pero Dios nos dice que no todos
creerán.

¿Alguna vez se puso a considerar lo que Dios dice en el versículo 7? ¿Tenemos el valor para confiar completamente en la Palabra de Dios y *creer lo que él nos dice de manera literal*? ¿Acaso es posible que esto sea verdad y que nos perdamos estas promesas?

¡Qué maravillosa declaración que Dios hace en el versículo 7! Dios quiere que sepamos que aunque mil caigan a nuestro lado y diez mil a nuestra diestra, eso no anula la promesa de que la destrucción no se acercará a aquellos que escogen creer y confiar en su Palabra. Dios dice exactamente lo que trata de decir.

El desastre puede golpear de manera repentina cuando todo está yendo bien, y puede quebrantar su corazón ver a miles caer a su lado. Esa es la razón por la que las promesas del Salmo 91 son tan importantes para su vida.

No es un accidente que la declaración de "a ti no llegarán" se encuentre allí en el medio del salmo. ¿Acaso ha notado lo fácil que es atemorizarnos cuando el desastre está a nuestro alrededor? Comenzamos a sentirnos como Pedro se sintió cuando caminaba por el agua hacia Jesús. Es fácil ver cómo él comenzó a hundirse entre las olas y toda la furia de la tormenta a su alrededor.

Dios sabía que habría momentos en los que oiríamos reportes negativos, cuando veríamos mucha necesidad y enfrentaríamos tanto peligro a nuestro alrededor que nos sentiríamos abrumados. Por eso nos advirtió, de antemano, que miles caerían a nuestro lado. No quería que eso nos tomara de sorpresa. Pero en ese momento tenemos que tomar una decisión. Podemos correr por fe hacia su refugio y la tormenta no se nos acercará, o podemos vivir nuestras vidas de manera pasiva, como lo hace el mundo, sin darnos cuenta de que podemos hacer algo al respecto.

El Salmo 91 es la medida *preventiva* que Dios le dio a sus hijos para combatir cualquier maldad que el hombre conoce. En ningún otro lado de la Biblia aparecen todas las promesas de protección (incluso la ayuda de los ángeles, así como promesas que aseguran nuestra autoridad) reunidas en un solo pacto, ofreciéndonos un paquete completo para vivir en este mundo. Es tanto una *medida ofensiva* y *defensiva* para alejar a cualquier mal antes de que este tenga tiempo de atacar. Esto no es sólo una *cura* sino también ¡un *completo plan de prevención*!

Qué bueno poder entender que una vez que renovamos nuestras mentes con la Palabra de Dios, contrario a lo que el mundo piensa, no tenemos que estar entre las decenas de miles de personas que caen a nuestra diestra.

> Ciertamente con tus ojos mirarás
> Y verás la recompensa de los impíos.
> —Salmo 91:8

Veamos por un momento esta escritura con nuestra fe en mente; ¿caemos a veces en la incredulidad? La fe en Dios, en su hijo Jesucristo y en su Palabra es rectitud a los ojos de Dios. Pero cuando somos incrédulos, de cierta manera nos estamos incluyendo en la categoría de los *impíos*. A veces, incluso como cristiana, he sido una creyente *incrédula* cando se trata de recibir *toda* la Palabra de Dios.

Jesús dice en Mateo 5:18: "Ni una jota ni una tilde pasará de la ley, hasta que todo se haya cumplido". Incluso cuando los creyentes no hayan utilizado este salmo a su máximo potencial, la verdad no ha dejado de ser ni tampoco ha perdido ni una onza de su poder.

Muchas personas piensan en el evangelio como si fuese una póliza de seguros, asegurando solamente su eternidad y comodidad para después de que el desastre golpee. Se están privando de tantas cosas. Tal vez debamos preguntarnos: "¿Qué clase de póliza tengo, contra incendios o seguro de vida?". La Palabra de Dios es mucho más que una manera de escapar del infierno; es un manual para vivir una vida victoriosa *en este mundo.*

¿Alguna vez sintió mucho temor cuando oyó el reporte meteorológico anunciando un tornado en su ciudad? Una noche sintonizamos la radio justo cuando anunciaban que un tornado estaba en la zona detrás del club de campo. Ahí es donde nosotros vivimos.

Podíamos ver varios de los vehículos del club estacionados en el camino debajo de nuestra colina, mientras los miembros del club miraban cómo el torbellino se dirigía hacia nuestra casa. Algunos amigos de nuestros hijos estaban de visita y, para su asombro, Jack ordenó que nuestra familia saliera con nuestras Biblias (aunque estábamos en pijamas) y que diéramos vueltas alrededor de la casa citando el Salmo 91 y tomando autoridad sobre el tornado. Jack tenía a un grupo de ellos hablándole directamente a la tormenta, así como lo hizo Jesús. El cielo era de un extraño color; todo estaba quieto, ninguna criatura nocturna emitía ningún sonido. Había tanta estática en el aire que nuestros cabellos estaban completamente parados.

De pronto, el raro silencio se convirtió en un gran estruendo, con torrentes de lluvia que caían y en lo que parecía ser un gran diluvio. Finalmente, Jack tuvo paz de que el peligro se había alejado, aunque a la vista nada había cambiado.

Volvimos a la casa justo a tiempo para oír al locutor anunciar y exclamar en la radio, con tanto entusiasmo que casi gritaba: "Esto no es más que un milagro, el torbellino justo al sur de Brownwood Country Club de pronto ascendió y desapareció en las nubes".

Debería ver a esos muchachos saltando y festejando. Era la primera vez que los amigos de nuestros hijos habían visto una obra sobrenatural. Sin embargo, su asombro no era mucho mayor que el del profesor de la universidad de mi hija. Les preguntó a sus alumnos qué habían hecho durante la tormenta. Muchos dijeron que estaban en una bañera cubiertos por un colchón. Otros estaban en los armarios, ¡y alguien incluso en un refugio!

Pueden imaginarse el asombro absoluto cuando le tocó el turno a nuestra hija, Angelia, que dijo: "Cuando el tornado se dirigía hacia nosotros, mi familia y yo comenzamos a dar vueltas alrededor de la casa citando el Salmo 91: No temeremos...a la destrucción...caerán a tu lado mil, y diez mil a tu diestra, mas a ti *no llegará...No te sobrevendrá mal, ni plaga tocará tu morada*".

La gente del mundo llamaba lo que experimentaron un golpe de suerte, pero no es suerte. Dios honra su Palabra cuando nosotros creemos o actuamos en ella. Algunas personas simplemente desconocen la protección del Señor.

Es importante que nos demos cuenta de que hay una diferencia entre la destrucción del enemigo y la persecución por causa del evangelio. Pablo escribe en 2 Timoteo 3:12: "Todos los que quieren vivir piadosamente en Cristo Jesús padecerán persecución".

Nuestros hijos deben aprender que hay momentos en los que serán maltratados por mantenerse firmes en la causa de Cristo. El Salmo 91 es un concepto distinto para enfrentar desastres naturales, accidentes, enfermedades y la destrucción. Jesús fue perseguido, pero no enfrentó calamidad, desastre o percances. Los accidentes ni siquiera se le *acercaban*. Esta distinción es fácil de comprender si separamos la persecución de los accidentes horrorosos o de los percances. Hay un lugar donde la calamidad simplemente no se nos acercará.

Muchas personas ven al Salmo 91 como una hermosa promesa que archivan junto al lado de otros materiales de lectura de buena calidad. Les hace sentirse consolados cada vez que lo leen. Pero no quiero que nadie lea este libro y deje de ver el *mayor* significado que tienen estas promesas en el salmo. No fueron escritas para nuestra inspiración, sino para nuestra protección. Estas no son palabras de ánimo *en* la aflicción, sino palabras que nos liberan *de* la aflicción.

Capítulo

NINGUNA PLAGA TOCARÁ TU MORADA

No te sobrevendrá mal, ni plaga tocará tu morada.

—Salmo 91:10

A veces, es difícil no preocuparnos por nuestra familia. ¿Alguna vez se sintió atormentada por el pensamiento de que su padre o su madre iban a morir? ¡O tal vez un hijo! Ese sentimiento es muy feo, y Dios no quiere que nosotros estemos en esa clase de temor. Por eso, en el versículo 10 Dios nos dice que *ningún mal sobrevendrá* a nuestra familia. En esta parte del salmo, la Biblia extiende este pacto ¡más allá de nosotros!

Dios acaba de agregar una *nueva* dimensión a la promesa: la oportunidad de ejercitar la fe no sólo para nosotros, sino también para la protección de todo el hogar. Si estas promesas sólo estuviesen disponibles para nosotros como individuos, no serían completamente confortantes. Pero Dios creó en nosotros tanto el instinto de protegernos a nosotros mismos, así como de proteger a aquellos a nuestro alrededor. Él nos asegura que estas son promesas para cada uno de nuestros *hogares*.

Parece ser que los líderes del Antiguo Testamento tenían un mejor entendimiento de este concepto que nosotros que estamos bajo el nuevo pacto. Por eso, Josué decidió esto para *él y para su familia*.

> Y si mal os parece servir a Jehová, escogeos hoy a quién sirváis;...pero *yo y mi* casa serviremos a Jehová.
>
> —Josué 24:15, énfasis añadido

Mientras que Josué tomaba la decisión de que su casa iba a servir a Dios, estaba influenciando su destino y declarando la protección al mismo tiempo. Casi de la misma forma en que Rahab negoció con los espías israelitas por el bien de su familia (Josué 2:13).

Cuando nuestros corazones están firmes y confiamos en sus promesas, ya no tendremos ese temor constante de que algo malo le sucederá a nuestros miembros familiares.

> No [tendré] temor de malas noticias;
> [Mi] corazón está firme, confiado en Jehová.
>
> —Salmo 112:7

Las expectativas comenzarán a desvanecerse y esperaremos los buenos reportes. Según este versículo, podemos tomarnos nuestras orejas y declarar: "¡Estas orejas fueron hechas para oír buenos reportes!". El temor a las malos acontecimientos puede plagar nuestra existencia, cosas como temor a que suene el teléfono en las noches, el temor a un golpe en la puerta, la sirena de una ambulancia, o aquella carta de condolencias. Este versículo nos promete que un corazón firme no estará en temor constante de noticias trágicas. Alguien una vez dijo: "El temor golpeó a la puerta y la fe. No hay nadie en casa".[1] Cuando el temor llama, permite que tu voz diga en voz alta: "¡No temo ninguna mala noticia; mi corazón está firme en Jehová!".

Mamá Ruth

Dios es fiel para cuidarnos usando cualquier medio disponible. Mi suegra, Ruth, se hizo amiga de Rocky, un perro bóxer de tres años de edad que le pertenecía a los vecinos de al lado. Ella y Rocky "charlaban" por encima de la cerca que separaba sus casas, y cada vez que la abuela Ruth salía, parecía que Rocky sabía que Ruth estaba afuera, a pesar de que él estaba adentro, y comenzaba a ladrar para que los dejaran salir. Una noche, cuando apenas oscureció, Rocky comenzó a llorar y a quejarse, rasguñando la puerta del frente. Como no se calmaba, los dueños finalmente lo dejaron salir, pero regresaba y les ladraba cada vez más fuerte. No paraba de hacerlo hasta que, finalmente, ellos salieron y oyeron a mi suegra de ochenta y siete años de edad pidiendo ayuda. Se había caído de espaldas y no se podía levantar.

Resultó ser una noche muy fría, la cual Ruth no hubiese sobrevivido si se hubiese quedado en suelo mojado toda la

Rocky

noche. Cuando oyó que los vecinos habían cerrado la puerta, dice que pensó en lo feo que sería morir así, y comenzó a clamar al Señor y recordándole su pacto. Cuando los vecinos entraron al bóxer para que durmiera adentro, este no se calmó, sino que continuó ladrando, hasta que abrieron la puerta y fueran a ayudar a su amiga. Las maneras como Dios puede obrar proveyendo su protección no tienen fin para aquellos que confían en su Palabra.

En Mateo 13:32, Jesús hace referencia a una semilla de mostaza que comienza como una pequeña planta pero que luego se convierte en un gran árbol con ramas para que los pájaros hagan sus nidos. Otros también pueden encontrar protección en nuestra fe si sembramos la semilla de la Palabra de Dios. No todas las familias son familias tradicionales; a veces el Señor une nuevamente a la familia gracias a la fe.

Milagro familiar de hermanos adoptivos

Una de mis historias favoritas que alegra mi corazón cada vez que pienso en ella es la de los hermanos Vélez, que fueron enviados a distintos hogares sustitutos a temprana edad. El padre había ido a la cárcel por haber abusado de los niños, y la madre había muerto cuando los niños eran pequeños. Nadie quería cuidar a los niños, así que fueron separados y los llevaron a cuatro hogares distintos. Mientras crecían, varios años después, Gilbert, el segundo de ellos, soñaba con la idea de volver a encontrarse con sus hermanos algún día. Eso, obviamente, era imposible: ¿dónde estarían? Seguramente ya se habrían cambiado sus nombres. La historia de los Vélez se cruzó con nosotros en este período.

El grupo de mi hija Angie y su esposo David en la universidad, era bien evangelístico. Era muy común encontrar varios grupos en las calles, cada fin de semana, guiando a la gente a Cristo. En una de esas ocasiones, dos de los muchachos se encontraron con Gilbert Vélez, que ya tenía veinte años y vivía solo. Lo guiaron en la oración de salvación y lo invitaron a una de las reuniones de estudio bíblico en la universidad. En la siguiente reunión, Gilbert fue uno de los primeros en llegar, sintiéndose parte del grupo como si los conociera desde hace mucho tiempo. El grupo terminó llevando a Gilbert en una camioneta durante un viaje misionero a México, en la temporada de vacaciones primaverales. Él les contó a todos que había sido separado de sus hermanos y cómo él creía que algún día volverían a estar todos juntos. Gilbert comenzó a devorarse la Biblia, y encontró la historia de Ana en 1 Samuel capítulo 1. Cuando leyó que Ana le prometió a Dios que si él le daba un hijo ella se lo entregaría a su hijo, Gilbert tomo eso como una palabra de parte de Dios. Él le dijo a Dios que si encontraba a sus hermanos, él se los traería a sus pies.

Un amigo de la difunta madre le escribió a una trabajadora social que conocía en Dallas. Por medio de una serie de cartas, Gilbert supo que uno de sus hermanos, Jesse, había estado en la cárcel y que después de que lo soltaran había estado sin hogar en las calles de Dallas durante tres meses. A pesar de que Gilbert había estado separado de Jesse por seis años, Dios, sobrenaturalmente, obró una manera para Jesse se mudara al apartamento Gilbert y se involucrara en el grupo de estudio bíblico en a universidad, donde le entregó su vida a Jesús.

Otra serie de situaciones desafortunadas abrió la puerta para que su otro hermano, Joseph, llegara a Dallas y se reuniera con Gilbert y Jesse. Dios estaba obrando. Unos pocos meses después se enteraron que su último hermano, Samuel, estaba en Fort Worth. Cuando hicieron los arreglos para ir a recoger a Samuel, el auto de Gilbert se dañó, pero sólo como Dios puede hacerlo, un vecino les prestó su Cadillac Escalade para que pudiesen hacer el viaje con estilo.

Gilbert había jugado el papel de madre y padre y, leal a la promesa que le hizo a Dios, guió a todos sus hermanos al Señor. Ahora todos tienen trabajos, algunos estudian en la universidad, van en viajes misioneros, y oran con gran fervor cuando alguien tiene necesidad.

La noche cuando vi a los cuatro hermanos juntos por primera vez, estaban todos bien vestidos, con trajes, y parecían los hijos del Rey que en verdad son, y luciendo mejor que cualquier otro muchacho universitario a su alrededor.

En uno de los viajes misioneros, los cuatro hermanos iban a Miami para evangelizar a los cubanos del área. En ese viaje, Jesse se separa del grupo. No tenían teléfono y los muchachos entraron en pánico; ¿cómo iban a encontrarlo entre tantas miles de personas? Pero comenzaron a orar y a reclamar la promesa de Dios acerca de la oveja perdida. Dios respondió sus oraciones y, una vez más, los reunió.

Cuando le llegó la hora de predicar en una de sus reuniones en la universidad, Jesse usó la parábola del hijo pródigo en Lucas 15 como texto para demostrar lo fiel que Dios había sido para encontrarle a él, un hijo pródigo, en un mundo perdido y en destrucción, para traerlo a casa.

Gilbert mantuvo su promesa. Dios le entregó sus hermanos, y él ahora se los entregaba al Señor. Qué lindo es verlos a todos juntos, amando y sirviendo a Dios.

La belleza de este salmo es que cuando la persona ora por sí mismo, trae a toda la familia bajo el escudo de la Palabra de Dios. Esto introduce otra dimensión que como individuos nos permite aplicar la riqueza de este pacto para todo el hogar. Ejercitamos cierta clase de autoridad por todos aquellos *bajo un mismo techo.*

Los hermanos Vélez

Unos años atrás, Jack y yo fuimos al campo con nuestro hijo para darles de comer a unas sesenta grandes vacas Brahma. Bill se llevó la bolsa de comida y comenzó a caminar por delante de las vacas, mientras esparcía la comida, pero ellas no veían la comida en el suelo. Sólo veían a Bill corriendo con una bolsa de comida sobre su hombro, así que comenzaron a correr tras él. Jack y yo estábamos encima de la loma, y parecía como que todas corrían encima de él. El diablo me decía que lo habían matado a pisoteadas como a un vaquero en una estampida.

El temor se apoderó de mí, pero luego el Señor me recordó la promesa en el Salmo 91:10. Comencé a agradecerle a Dios que *no tendría temor, porque ninguna tragedia vendría sobre mi familia.* Y Dios hizo un milagro. A pesar de que las vacas corrían tan rápidamente que parecía que no se detendrían, de alguna manera Dios separó las vacas. En vez de pasarle por encima a Bill, pasaron por su costado y él estaba a salvo.

Qué gran gozo es saber que tenemos las promesas del Salmo 91 para protegernos no sólo a nosotros, sino también a aquellos en la familia que están *cerca del lugar de morada.*

Capítulo

SUS ÁNGELES CUIDAN DE MÍ

Pues a sus ángeles mandará acerca de ti, que te guarden en todos tus caminos.
En las manos te llevarán, para que tu pie no tropiece en piedra.

—Salmo 91:11–12

En los versículos 11 y 12 Dios hace una promesa extraordinaria con respecto a una dimensión adicional de nuestra protección. Esta es una de las promesas más hermosas de Dios, y él la pone ahí mismo en el Salmo 91. De hecho, esta es una de las promesas que Satanás usó para poner a prueba a Jesús.

Los ángeles son espíritus que sirven a Dios y son enviados para ayudar a aquellos que reciben la salvación. Aunque muchos cristianos citan los versículos 11 y 12 como uno de sus pasajes favoritos del Salmo 91, le dan muy poca importancia a la magnitud de lo que sus familias se libran diariamente. Sólo después de que hayamos llegado al cielo nos daremos cuenta de todo lo que nos evitamos gracias a la intervención de los ángeles de Dios en nuestro favor.

Cullen a la edad de cinco años.

Cuando Cullen tenía cinco años de edad, tuvo una intervención mientras nadaba con sus primos y un amigo. Uno de los adultos dijo: "Salgan todos de la piscina".

Todos habían entrado a la casa cuando Cullen vio un salvavidas de plástico que apareció flotando. Como quería impresionar a su amigo mayor, Cullen dijo, "Mira esto", mientras daba un paso fuera del borde de la piscina hacia el salvavidas como si fuera algo sólido. Este se dio vuelta, y él cayó para atrás en el agua, raspándose la cabeza con el borde de la piscina mientras caía.

Era la parte más profunda de la piscina, y Cullen, con sus brazos y piernas extendidos, empezó a hundirse. El muchacho se tiró y lo agarró por debajo de los brazos, pero Cullen era inusualmente grande para su edad y pesaba el doble que su amigo. Nuestro hijo Bill parecía un pedazo de plomo cuando tratabas de levantarlo, así que el amigo se preguntaba si él iba a ser capaz de sacarlo al borde del agua, especialmente ahora que debía de estar mareado luego de haberse lastimado la cabeza con el concreto.

El amigo sabía que estaban en problemas, así que él dice que clamó a Dios, y de repente, dice, sintió como si alguien lo hubiese agarrado de atrás por las axilas y comenzó a sacarlos a los dos del fondo de la piscina. (Él pensó que alguno de los adultos había visto lo que sucedió y se había lanzado a ayudarlos). El muchacho dijo que, de repente, subió con fuerza del agua con Cullen encima de él. Luego fue como si alguien sacó de sus brazos a Cullen y lo acostó en el borde de la piscina. (Estaban en un lugar donde el agua estaba muy sobre sus cabezas, así que él sabía que no había forma que él pudiera haber sacado ese peso muerto fuera de la piscina.) Cullen comenzó a llorar y toser, y cuando su amigo miró alrededor, no había nadie, ¡absolutamente nadie! Fue obvio que *Dios escuchó el clamor*, y que él había enviado ayuda para *responder ese clamor.*

Algo similar le sucedió a Floyd y un amigo cercano nuestro quien trabajó en las minas de Clovis en Nuevo México. Él tenía la responsabilidad de encender los explosivos. Un día en particular, estaba listo para accionar el botón cuando alguien le dio un golpecito en su hombro. Para su sorpresa nadie estaba cerca. Decidiendo que debió ser su imaginación, se preparó una vez más para detonar la dinamita, pero sintió otro golpecito en su hombro. Otra vez, no había nadie allí. Floyd decidió mover todo el equipo de ignición unos cuantos cientos de metros más arriba del túnel. Cuando finalmente apretó el detonador, toda la parte de arriba del túnel se desplomó exactamente donde había estado parado antes. ¿Una coincidencia? Nunca podrá hacerle creer eso a mi amigo. Él sabía que *alguien* le había dado un golpecito en su hombro.

Todos podemos recordarnos momentos en los cuales nos escapamos de una tragedia y no había una explicación. Es posible hospedar ángeles sin siquiera saberlo, como dice en Hebreos 13:2. Sin embargo, con tristeza, yo creo que la mayoría de los cristianos tienen una tendencia de ser indiferentes al ministerio de los ángeles.

En 1968, mientras mi cuñado estaba en el servicio militar, él, mi hermana y su bebé Rhonda, estaban localizados en Fürth, Alemania. Para aquellas de ustedes que les gusta andar

Rhonda en
Alemania

en bicicleta, les hubiera encantado ese lugar. Prácticamente todos iban en bicicleta a cualquier lugar que fuesen, pero las bicicletas en Alemania, especialmente en los años 1960, no eran fabricadas de manera segura. Los bebés eran llevados en un asiento tipo canasta al frente de la bicicleta, sin protección ni correas de seguridad para sostenerlos. Cuando Rhonda tenía nueve meses, ella estaba en el asiento de bebé de la bicicleta mientras cruzaban un puente para trenes muy angosto con una línea para peatones sobre el río Regnitz. Era muy angustioso manejar una bicicleta en ese angosto camino con barandas pequeñas que ofrecían poca protección contra la caída al agua de cincuenta pies (veinte metros), pero nadie podía haberse imaginado del gran peligro al que se estaban enfrentando.

Como a mitad del cruce, la rueda delantera se enganchó en la baranda, despidiendo a Rhonda de su asiento, de cabeza, por encima de la baranda. Se puede imaginar el pánico que correría por su cuerpo mientras podía ver a su bebé volar en el aire. Pero, de repente, mi hermana extendió su mano sobre la baranda, justo a tiempo para agarrar el pequeño traje de nieve que Rhonda vestía. Un segundo más y ella se hubiera caído al agua, y no hubiese habido manera de salir del puente y meterse al agua a tiempo para salvarla, aún si hubiese sobrevivido la caída. Los ángeles de Dios definitivamente estaban trabajando ese día. Nadie ha dudado jamás que esos ángeles estaban ahí en ese momento, vigilando a esa pequeña. De lo contrario Rhonda no hubiera sobrevivido para estar sirviendo al Señor como lo hace hoy en día. Cuantas veces ella se ha dado cuenta de que: "Mi vida debe importar mucho a los ojos de Dios para que Él me haya salvado de manera tan milagrosa".

¿Está siendo lastimada? ¿Se siente sola? No está sola; Dios ha dado sus ángeles, guardaespaldas personales celestiales, para protegerle. Más están luchando a favor suyo que en contra de usted.

El versículo 11 del Salmo 91 dice: "Pues a sus ángeles mandará *acerca* de ti". ¿Qué quiere decir esto? Piense en esto conmigo por un momento. ¿Alguna vez ha estado a cargo de alguna situación? Cuando uno está a cargo de algo, se pone a uno mismo en un lugar de liderazgo. Comienza a decirles a todos lo que deben hacer y cómo hacerlo.

> ¿No son todos espíritus ministradores, enviados para servicio a favor de los que serán herederos de la salvación?
> —Hebreos 1:14

Cuando vemos a Dios como la fuente de nuestra protección y provisión, los ángeles están constantemente *dándonos ayuda* y *tomando el control* de nuestras cosas. El Salmo 103:20 dice: "...Sus ángeles, poderosos en fortaleza...¡obedeciendo a la voz de su precepto!". Mientras proclamamos la Palabra de Dios, los ángeles se apresurán a llevarla.

Mirad que no menospreciéis a uno de estos peque-ños; porque os digo que sus ángeles en los cielos ven siempre el rostro de mi Padre que está en los cielos.

—Mateo 18:10

El versículo 11 del Salmo 91 continúa: "…ángeles…que te *guarden* en todos tus caminos". ¿Ha visto alguna vez a un soldado parado, protegiendo a alguien? Ese soldado está parado atento, alerta, mirando y listo para proteger ante la primera señal de ataque. ¿Cuánto más así van a pararse los ángeles de Dios para *guardar* a los hijos de Dios, alertas y listos para protegerlos en todo momento? ¿Creemos en esto? ¿Hemos pensado en esto? La fe es lo que hace que esta pro-mesa trabaje a nuestro favor. Cuán reconfortante es saber que Dios ha puesto a estos guardas celestiales para estar a cargo de nosotros.

El Salmo 91 menciona tantas diferentes maneras en las que Dios nos protege. Es emocionante ver en este salmo del Anti-guo Testamento que la protección no es simplemente una idea al azar en la mente de Dios, sino que él está comprometido con esto. La protección angelical es otra de las maneras *únicas* en las que Dios nos provee protección. Él ha ordenado a los ángeles *que nos guarden en todos nuestros caminos.*

EL ENEMIGO
ESTÁ BAJO MIS PIES

Sobre el león y el áspid pisarás; Hollarás al
cachorro del león y al dragón.

—Salmo 91:13

¿Acaso este versículo quiere decir que realmente usted camina encima de un león o de un áspid? Bueno, tal vez en el campo misionero, pero Dios ilustra un panorama para que usted pueda entender la autoridad que tiene.

Mi esposo cree que muy pocos cristianos alguna vez usan su autoridad. A menudo, ellos *oran* cuando deberían estar ¡*tomando* autoridad! Si un pistolero de repente le enfrentara, ¿tendría suficiente confianza en su autoridad que podría declarar:

"Estoy en un pacto con el Dios viviente, y estoy cubierta con una sangre que me protege de cualquier cosa que trate de hacerme. Así que, en el nombre de Jesús, le ordeno que baje esa arma"?

Miremos lo que realmente este versículo está diciendo. De qué sirve el tener autoridad sobre los leones y las cobras a no ser que estemos en África o India o algún otro lugar como ese? ¿Qué *quiere* decir cuando dice que vamos a pisotear al león, al cachorro del león, al áspid y al dragón? Estas palabras son representaciones gráficas de cosas que son potencialmente dañinas en nuestras vidas diarias. Son la suma de las maneras inolvidables para describir los diferentes ataques que vienen contra nosotros. Así que, ¿qué significan esos términos para nosotros hoy? Desglosémoslo.

1. Problemas león

Primero que nada, podemos encontrar *problemas león*; estos problemas son audaces, fuertes, directos y salen a la luz para golpearnos en la cabeza. En un momento y otros todos tenemos algo evidente o patente que viene hacia nosotros. Puede ser un accidente en el automóvil, o un encuentro, cara a cara, con el enemigo durante un ataque claro a su salud o vida. Pude haber sido una cuenta inesperada a fin de mes, causando una reacción en cadena de cheques sin fondo. Esos son *problemas león*; dificultades obvias que muchas veces parecen insuperables. Pero aun así, Dios dice que nosotros los pisotearemos, no estos problemas a nosotros.

2. Problemas cachorro de león

Los *cachorros de* león son problemas menos obvios y pequeños que pueden convertirse en problemas a gran escala si no lidiamos con ellos. ¡Estos problemas cachorro de león vienen para acosarnos y destruirnos gradualmente como pequeños zorros! Sutiles pensamientos negativos de que no vamos a poder pagar nuestras cuentas, o que nuestra pareja ya no nos ama, o que ya no amamos más a nuestra pareja son buenos ejemplos de esta categoría. Estos pequeños zorros crecerán más si no son tomados cautivos y destruidos (2 Corintios 10:4–5). Respóndale a estos pequeños zorros con la Palabra de Dios. Pequeños acosos, distracciones e irritaciones son cachorros de león…

> Cazadnos las zorras,
> Las zorras pequeñas, que echan a perder las viñas,
> Porque nuestras viñas están en cierne.
> —CANTAR DE LOS CANTARES 2:15

Cuando nuestro nieto Avery tenía cuatro años, vivía en Montana. Su mamá y papá le habían enseñado a tomar autoridad sobre la enfermedad diciendo: "Por las llagas de Jesús soy sano". Entonces, en vez de salir corriendo hacia su mamá cada vez que se lastimaba, lo podía oír diciendo: "Diablo, no puedes lastimarme, por las llagas de Jesús soy sano". O algunas veces podía oírlo decir: "Dolor, vete, en el nombre de Jesús" y luego usualmente volvía directo a jugar. A veces es difícil de creer que alguien tan

Avery, a la izquierda, con su mamá y su papá, Peyton y Hunter.

pequeño sepa qué hacer, pero es porque sus padres le ense-
ñaron a temprana edad que él tenía autoridad y derechos
sobre enfermedades y accidentes. Así que, aún con cosas tan
pequeñas que solamente necesitarían una curita para cubrirla,
Avery entendió la autoridad; él podía hacer eso por sí mismo
y ocuparse de sus propios problemas *cachorro de león*.

3. Problemas áspid

Dios nombra luego a los problemas *áspid*. Estos son los problemas que parecen acercarse sigilosamente como una *víbora
en el pasto* durante nuestro día. Ellos son lo que llamaríamos
un ataque de *encubierto* que trae muerte súbita, una conspira-
ción engañosa que nos mantiene cegados hasta que nos devo-
ra. Gracias al Señor que tenemos autoridad para pisotear estas
cosas así estos ataques sorpresa no nos dominarán.

Una madre, Kim Hull, nos cuenta en sus propias palabras
cómo Dios la protegió a ella y a sus hijos de uno de estos
ataques de encubierto áspid.

Nuestros hijos asisten a una maravillosa escuela
cristiana y, cada lunes por la mañana, tienen reunión de capilla, donde oradores invitados vienen a
hablarles a los estudiantes de diferentes temas para
animarlos en su caminar con Cristo. Uno de estos
lunes de mañana, mi hijo estaba cantando y ayudando a dirigir la alabanza antes de que el orador
predicara la Palabra. Vine esa mañana para ver el
grupo de alabanza cantar y pude oír a Angelia
Schum hablarles a los estudiantes. No nos conocía-
mos, pero la había visto antes. Luego que ella habla-
ra y durante el tiempo de reflexión, ella se dio vuelta

y me llamó por mi nombre. Le dije que yo era la persona que ella estaba buscando, y ella comenzó a contarme un sueño que tuvo en el cual mis hijos y yo estábamos en un accidente automovilístico, y en el sueño yo moría. Ella fue muy amable sobre esto y no me alarmó, pero me explicó que ella creía que algunas veces los sueños eran proféticos para que la situación pudiera ser tratada, y ella sintió que debía

El Dr. Hull y su familia.

compartir el sueño conmigo. Luego que hablamos por un rato, ella tomó autoridad y oró algunas de las escrituras del Salmo 91 sobre mí y también oró que cualquier tarea de Satanás fuese rota sobre mí y mi familia. Le agradecí y, en paz, me fui y continué con mi vida ocupada.

El siguiente otoño, el domingo antes de que empezaran las clases, había dejado a la hija de una amiga luego de nuestro servicio en la noche. Llegué hasta la luz roja de un semáforo y me detuve, y luego cuando cambió a verde, crucé la intersección. Un conductor ebrio que venía a sesenta y cinco millas (90 kilómetros) por hora por una de las calles principales de nuestra pequeña ciudad, chocó la esquina frontal del lado del pasajero de mi automóvil. Mi automóvil dio vueltas en el medio de la intersección sobre dos neumáticos antes de detenerse y comenzar a humear. Rápidamente, les dije a los niños que salieran del auto y que fueran al césped al lado de la calle. Mi auto estaba demolido, y la bolsa de aire del lado del conductor se había detonado. Unos de los jóvenes en nuestro autos se golpeó el codo contra la ventanilla y lo tenía hinchado, pero excepto por eso, todos sobrevivimos ese accidente el cual debió haber sido devastador. Más tarde descubrimos que el amigo que se golpeó el codo tenía una pequeña fractura y que necesitaría un yeso, pero esa fue la única lesión. Creo con todo mi corazón que si Angie no hubiese contado su sueño y orado por nuestra familia, el resultado de ese accidente hubiese sido totalmente diferente. Nuestro vehículo había sido remolcado sobre dos ruedas. Dimos vueltas en trompo y nuestro vehículo quedó del otro lado de la carretera, y el costado derecho donde estaban los niños estaba aplastado, ¡y aun así salimos ilesos! Cuando fuimos a ver al automóvil a la chatarrería, nos sorprendía que todos hubiésemos sobrevivido viendo cómo el lado derecho había sido demolido. Alabo a Dios por su provisión y promesa en el Salmo 91 de que él cuidará de nosotros.[1]

El *áspid* es una ilustración de cuando Satanás se acerca sigilosamente sobre uno y trata de lastimarlo cuando uno menos se lo espera. Puede ser tan mortal como un ataque físico, como el de un accidente automovilístico, o tan simple como alguien que le miente a espaldas de uno. Es Satanás quien usa la boca de esa persona para tratar de lastimarle a usted y hacer que usted se rinda. Definitivamente necesitamos la protección de Dios contra los ataques del *áspid*.

4. Problemas dragón

Tal vez adivinamos las analogías del león y del áspid, ¿pero qué de los problemas *dragón*? Busqué la palabra hebrea en la *Concordancia Strong*, y aparece como *monstruo marino*. Primeramente, no existen los dragones ni los monstruos marinos. Los dragones son un producto de nuestra imaginación. ¿Pero alguna vez usted experimentó temores que eran producto de su imaginación? Claro que sí. ¡Todos lo hemos hecho!

Por ejemplo, ¡conozco a muchas personas que tienen miedo de la oscuridad! Ese es un temor *dragón* porque la oscuridad no puede lastimar a nadie. Es el temor el que le lastima mucho más que aquello a lo que usted le teme. Por eso Dios nos dice *no tengan temor*. Los miedos imaginarios pueden hacer que usted actúe de manera extraña. Un niño que tenía miedo de la oscuridad se arrinconaba en al cuarto y se cubría con un paraguas.

Los problemas dragón representan nuestros temores no fundamentados: temores fantasma o tipo espejismos. Esto suena inofensivo, ¿pero se da cuenta de que los temores fantasmas pueden ser tan mortíferos como los temores reales si creemos en ellos?

Los problemas *dragón* de algunas personas son tan reales para ellos como los problemas *león* para otros. Por eso es tan importante definir sus temores. Muchas personas se pasan todas sus vidas escapando de algo que ni siquiera los está persiguiendo. Muchas personas permiten que un problema *león* que ya han enfrentado se convierta en un problema *fantasma* con el que luchan por el resto de sus vidas.

Huye el impío sin que nadie lo persiga.

—Proverbios 28:1

Este versículo es una buena definición de los temores fantasmas. Hemos oído a muchas personas dar testimonios de la liberación de Dios de cosas como el temor a lo incierto, temor a enfrentar un futuro a solas, temor a la pérdida, temor a la muerte, sospechas atormentadores, claustrofobia y mucho más.

El temor dragón es una forma muy válida de ataque espiritual; en especial para los soldados que han estado en batalla durante largos períodos de tiempo. Cuando mi hija y su esposo se casaron, vivían en un apartamento que era administrado por un veterano de Vietnam. Angelia caminó detrás de él un día para llevarle el cheque del alquiler y él se puso en "modo de ataque". Después de eso él se disculpó mucho, pero su cuerpo todavía estaba viviendo en las experiencias del pasado. Estaba fuera de peligro, pero todavía vivía allí. Otros experimentan, la gimnasia mental y noches inquietas, practicando todas las cosas que pueden ir mal en cada situación. Los temores dragón hacen que uno siga viviendo en el pasado o en el futuro en vez de experimentar la vida en el presente. Los temores de fantasía pueden hacer que hagamos muchas cosas innecesarias en la vida, por lo tanto, la autoridad sobre los *dragones* no es un juego mental.

Las cuatro categorías

La buena noticia, sin embargo, es que Dios dice que pisotearemos *todos* los poderes del enemigo; no importa cuán fuerte y audaces, engañosos o furtivos, o imaginarios puedan ser esos poderes. ¡Dios nos dio la autoridad sobre todos ellos! Ya no tenemos que soportar los temores paralizantes que en algún momento controlaban nuestros corazones y nos dejaban impotentes a la vista del mal que golpeaba a nuestro alrededor.

Dios nos dio su *poder notarial*, y estos problemas ahora tienen que someterse a la autoridad del nombre de Dios. Me gusta la palabra *pisotear*. Pienso en un tanque cruzando por una planicie de maleza. Donde el tanque pisa, todo queda destruido y aplastado contra el suelo. Es una gran ilustración de nuestra autoridad sobre nuestros enemigos espirituales, pisoteando como un tanque y aplastando todo lo malo en nuestro camino. Esta es una fuerte descripción de nuestra autoridad para caminar encima del león, del cachorro de león, del áspid y del dragón.

Hay temores legítimos, y estos son tormentos que el diablo usa para plagar nuestra mente. De cualquier manera, el temor debe enfrentarse. Algunas personas tienen miedo del sonido del trueno (dragón). Otras personas tienen miedo de la enfermedad o de las lesiones (áspid). Algunas personas tienen miedo de los sueños feos (cachorro de león). Otras personas se acuestan a dormir en las noches con miedo de que sus padres morirán porque, quizás, ese padre sirve como policía o soldado (león rugiente). En este mundo caído tenemos tiempos legítimos de crisis. Pero no importa si el peligro es real o imaginario, recibimos la clara promesa de autoridad en la forma de la palabra *pisotear*.

> He aquí os [Jesús] doy potestad de hollar serpientes
> y escorpiones, y sobre toda fuerza del enemigo, y
> nada os dañara.
>
> —Lucas 10:19

Hay promesas de que podemos hacer esto sin ser lastimados. La mayoría de los cristianos, sin embargo, no las conocen o no las usan. ¿Qué tan a menudo creemos la

Palabra o actuamos en ella? Pero la buena noticia es que Dios dice que él hollará todos los poderes del enemigo, sin importar qué tan fuertes y audaces, engañosos o furtivos, o imaginarios esos poderes puedan ser. ¡Dios nos dio la autoridad sobre todos ellos! La historia de Kim fue un ejemplo perfecto sobre cómo una oración preventiva la ayudó a pisotear el ataque que vino para tratar de terminar con la vida de ella y la de sus hijos.

Como el enemigo viene de repente, sin aviso, y desafiándonos audazmente, tenemos que tomar autoridad sobre sus tácticas antes de que tengan la oportunidad de aprovecharse y vencernos.

Capítulo

PORQUE LO AMO

Por cuanto en mí ha puesto su amor, yo también…

—SALMO 91:14

E N LOS VERSÍCULOS 14 al 16 Dios mismo comienza a hablarnos directamente y le ofrece siete promesas más a cualquiera que le ama verdaderamente. Pregúntese: "¿Amo realmente al Señor?". ¡Sea sincera! De todas maneras Dios ya conoce la respuesta.

Un compromiso para amar involucra la elección. Dios depositó su amor en nosotros de la misma manera que este pasaje nos desafía a depositar nuestro amor en él. Cuando lo hacemos, las promesas se vuelven eficaces. El amor es lo que une al hombre a Dios, y Dios será fiel con sus amados.

Tal vez ha mirado con horror cuando un niño agarra a un gatito recién nacido de la garganta y lo pasea por todo el patio. Tal vez se haya preguntado cómo hizo ese gatito para sobrevivir.

En nuestra familia, fue una vieja gallina roja la que soportó el dolor ocasionado por nuestros entusiasmados hijos. "Ole Red" dejaba que la agarraran mientras estaba en el proceso de poner un huevo y lo depositaba justo en la mano pequeña de Angie. Los niños tenían su mérito cuando anunciaban los *huevos más frescos de la ciudad*, porque a veces el huevo no tocaba el nido. La época de incubación era especialmente fascinante para los niños mientras miraban a Ole Red tratar de incubar más huevos que los que podría cubrir sentada. Los niños numeraban los huevos con un lápiz para asegurarse de que cada huevo fuese rotado y mantenido caliente de manera adecuada; rotando aún los huevos entre diferentes gallinas. Esperaban los veintiún días y luego, con una alegría contagiosa, me llamaban para ver el nido lleno de pequeños pollitos. La vieja gallina tenía una prole de pollitos que habían salido de los huevos de cada gallina en el gallinero.

Observar a una gallina tan de cerca tenía su propio encanto dado que uno podía ver la *protección* que le daba a esos pollitos de una forma que muchas personas nunca podrán observar. Recuerdo sus plumas cuando las extendía. Recuerdo el olor de la paja fresca que los chicos ponían en el nido. Recuerdo que podía ver por debajo de su suave pellejo y observar el ritmo de su corazón latiendo. Esos pollitos tenían una posición casi envidiable; algo que ningún libro sobre *la teología de la protección* jamás podrían explicar con palabras. Esta era una ilustración inolvidable del verdadero entendimiento en la vida de lo que significa estar *bajo las alas*. ¡Estos polluelos estaban felices! La *verdadera protección* tiene que ver con la *cercanía*. La razón por la que fuimos creados es para ser los mejores amigos del Señor. Cuando David era un pastor, pasaba las noches en el campo cuidando sus ovejas. Tocando su arpa y cantando canciones de amor al Señor. ¿Y se acuerda lo que Dios dijo acerca de David? Dios lo llamó "un hombre conforme a mi corazón". No hay nada que Dios anhele más que el que usted pase tiempo hablando con Él, oyéndole y teniendo comunión con él. Cuanto más tiempo pase con Dios, más aprenderá a confiar en Él y saber que su Palabra es verdad. David aprendió a confiar en Dios y por eso no tenía temor de pelearse con el león o con el oso, y luego con el gigante. Dios se había convertido en su mejor amigo y él sabía que *Dios nunca lo dejaría ni abandonaría*.

Durante una de las inundaciones que tuvimos en nuestra ciudad varios años atrás, Bill tenía un rebaño de cabras en un terreno cerca de un pantano. A medida que el agua del pantano subía e inundaba las orillas, unos hombres vieron a las cabras de Bill atrapadas por la inundación, entonces las llevaron dentro de un establo para evitar que se ahogasen. A la mañana siguiente el agua era como un rápido río, de una milla (1,6 kilómetros) de ancho, que arrastraba árboles y cualquier otra cosa en su camino. Para ese entonces, a Bill le habían avisado de sus cabras, y a pesar de los caminos bloqueados y de las rápidas aguas, salió en un viejo bote de lata atravesando las aguas para rescatar a su pequeño rebaño de cabras. Él sabía que en unas horas más se morirían de sed y asfixia.

Little Willie, su más preciada cabra de todo el rebaño, dado que había sido alimentada con biberón, fue la primera voz que

Bill oyó cuando se acercó al establo. Y así fue que, una vez que zafó y abrió la puerta, mientras estaba parado en el bote golpeado por las rápidas aguas, Little Willie fue la primera en saltar a sus brazos. Luego, poco a poco, llevando un par a la vez, Bill pudo llevar a todas las cabras a un lugar seguro.

Un equipo de televisión de Abilene estaba filmando la inundación, pero cuando vieron al pequeño muchacho con sus cabras arriesgando su vida para rescatarlas, esa fue la historia del día; tanto en los titulares de las seis de la tarde como en el de las diez de la noche. El amor de Bill por esas cabras, dispuesto a arriesgar su vida para llevarlas a un lugar a salvo es una ilustración del amor de Dios por sus hijos.

El conocimiento de que Dios nos ama es el pegamento que sostiene todas estas promesas. Algunas personas reconocen que hay un Dios; otras lo *conocen*. Ni la madurez ni la educación ni la tradición familiar... ni siquiera toda una vida como un cristiano nominal pueden hacer que una persona *conozca* a Dios. Solo un encuentro con el Señor y pasando tiempo con él puede hacer que uno se tome de las promesas del Salmo 91.

Debemos preguntarnos: "¿Verdaderamente lo amo?". Jesús incluso le preguntó esto a Pedro, un discípulo cercano (Juan 21:15). ¿Puede imaginarse cómo Pedro se habrá sentido cuando Jesús le preguntó tres veces: "Pedro, ¿me amas?"? ¿Puede imaginarse que su amor sea cuestionado? Aun así, debemos cuestionarnos a nosotros mismos, porque esas promesas son sólo para aquellos que genuinamente han puesto su amor en Dios. Tome nota en el hecho de que estas siete promesas están *reservadas* para aquellos que devuelven su amor.

¿Le ama? Si lo hace, ¡estas promesas son para usted!

Capítulo

DIOS ES MI LIBERTADOR

Por cuanto en mí ha puesto su amor, yo también lo libraré.

—Salmo 91:14

Una promesa de liberación es la primera de las siete promesas para aquellos que amamos a Dios. ¡Hágala personal! Por ejemplo, yo la cito así: "Por cuanto yo te amo, Señor, te agradezco por prometerme que me librarás".

Cuando era joven, necesitaba liberación en lo personal. Casi destruí mi matrimonio, mi familia y mi reputación porque estaba atormentada por el temor. Un incidente abrió la puerta. Puedo recordar el instante exacto que cambió mi vida feliz porque se transformó en una pesadilla que duró ocho años. ¡Y un versículo me sacó de este infierno mental: "Y todo aquel que invocare el nombre de Jehová será salvo" (Joel 2:32)! Hay momentos en los que algunos de nuestros hijos necesitan desesperadamente la promesa de la liberación de Dios. La Palabra funcionó conmigo, con mis hijos y también puede funcionarle a usted.

Hay varias clases de liberación. Está la liberación interna y la externa. Pregúntese: "¿De qué me va a librar Dios?". Recuerde las liberaciones externas mencionadas en los capítulos anteriores. Dios nos librará de todo lo siguiente:

- Problemas león
- Problemas cachorro de león
- Problemas áspid
- Problemas dragón
- Terror por la noche—males que vienen del hombre: guerra, terror, violencia
- Saeta que vuela de día—tareas del enemigo para herirnos
- Pestilencia—plagas, enfermedades mortíferas, epidemias fatales
- Destrucción—maldades y desastres naturales sobre los que el hombre no tiene control

En otras palabras, Dios quiere librarnos de toda maldad que el hombre conoce. Esa protección no termina allí porque uno de nuestros hijos se encuentre en tierra extranjera, solo, en una misión peligrosa, o en el medio de una gran batalla.

La liberación abarca todo. Sucede con (interna) y sin (exterior); de hecho, nos rodea.

Tú eres mi refugio; me guardarás de la angustia;
Con cánticos de liberación me rodearás.

—SALMO 32:7

Cordell se subió a su camioneta al lado de su padre y observaba cómo Barry empujaba un Volkswagen roto para ubicarlo para ser reparado, asegurándolo con algunos ladrillos debajo de cada neumático. Cuando completó esa tarea, Cordell iba cuesta abajo en la colina de regreso a casa cuando oyó un ruido extraño, como de metales raspando. Luego oyó ruedas girando. Miró por encima de su hombro y vio que el Volkswagen venía cuesta abajo hacia él. No tuvo tiempo ni de gritar para cuando el primer neumático, seguido por el neumático trasero, pasaron por encima de su cuello, por su pecho y hacia abajo por su abdomen. ¡Debra salió corriendo de la casa cuando oyó a Barry gritando que el automóvil se había salido del cambio y que había arrollado a Cordell! Barry revisó a su hijo y vio las huellas de los neumáticos sobre el pecho y el cuello de su hijo. Una profunda marca roja marcó su abdomen. Su espalda sangraba por los erizos y cadillos que había en la tierra y se le clavaron. Solamente un milagro podía salvarle, y la protección de Dios del Salmo 91 hizo eso.

Esa noche, después de que atendieran a Cordell, Debra se sumergió en la Biblia con la ferocidad de una leona que protege a su cachorro. Sondeaba las Escrituras en busca de promesas de protección y había aprendido el poder de orar la Palabra de Dios. Se dio cuenta lo poderosas que son las oraciones basadas en la Palabra y el poder del Salmo 91. No fue sino un milagro del poder de las promesas de Dios que salvó a Cordell esa noche. En sus estudios, ella pudo aprender acerca del poder de protección que se encuentra en la sangre de Jesús. Si la sangre de un cordero en el viejo pacto podía proteger a la gente y a los animales contra la muerte, ¡cuánto más aun la sangre de Jesús!

Debra comenzó a orar utilizando su fe y aplicándola para pedir el poder de protección de la sangre de Jesús sobre Cordell y el resto de su familia cada día.

Cordell Sheffield

Luego, descubrió que todo lo que ella había aprendido de la Palabra la estaba preparando para unas futuras batallas. Cuando Cordell tenía nueve años, tomó un recipiente y salió para darles de comer a las gallinas. Cuando terminó, cerró la puerta del gallinero pero la presilla no cerró bien, así que veintisiete gallinas salieron rápidamente y corrían por el jardín.

Mientras Cordell intentaba llevarlas de nuevo al gallinero, una vaca Brahma se asustó con las gallinas y lo atacó. Él salió corriendo para salvar su vida, pero en vez de ganarle en el trote, se cayó dentro de un tanque de agua y salió completamente empapado de allí, con su cabello rubio pegado sobre su rostro y sus jeans pesados por el agua que casi se le caían hasta por las rodillas. Su mamá le ayudó a llevar a la vaca Brahma a pastar a otro lado, y luego comenzaron a correr a las gallinas hacia el gallinero. Una de ellas, sin embargo, se refugió debajo de un viejo Monte Carlo (un proyecto de restauración que nunca se completó).

Con un rastrillo en mano, Cordell trató de sacar a la gallina de debajo del automóvil. Cordell oyó la palabra *víbora*

Dios es mi libertador

resonar en su interior, como si fuese anunciada por un altavoz, pero lo ignoró pensando que era su imaginación. De pronto, gritó por auxilio y se tomó la pierna justo arriba de la rodilla. Volvió a gritar y esta vez se cayó de espaldas sobre la cerca eléctrica. Con sus ropas mojadas, no pudo levantarse rápidamente sin que el golpe eléctrico le diera un corrientazo como de un rayo.

Le dijo a su madre que algo lo había picado, pero Debra no pudo encontrar ninguna marca en su pierna, así que continuaron encerrando a las gallinas y siguieron con esa tarea como por media hora más hasta que Cordell se detuvo y dijo: "Mamá, siento como si se me estuviese quemando mi pierna". Ella aún no veía nada, pero el pánico entró en escena cuando Cordell también le dijo que su pierna se sentía como adormecida. Llamaron al 911 y llegó una ambulancia en unos pocos minutos, y uno de los paramédicos revisó la pierna de Cordell y señaló las dos picaduras de víbora.

Debra tomó su Biblia y su celular antes de salir en la ambulancia. Uno de los paramédicos llamó al hospital más cercano: "Tenemos a un niño que fue mordido por una víbora. ¿Tienen antídoto para niños?". Solo tenían la dosis para adultos. Llamaron a varios hospitales, pero el único hospital que lo tenía era un hospital para niños en la ciudad de Oklahoma. Para ese entonces, Cordell estaba empapado en sudor y se sentía mareado. Los paramédicos pincharon a Cordell con agujas y descubrieron que estaba adormecido hasta la cintura. Luego su hijo le susurró a ella que no sabía si iba a aguantar hasta Oklahoma. El temor se apoderó tanto de Debra que no podía respirar. Con sus manos temblando, llamó a sus amigas y miembros de la iglesia pidiendo oración. "¡Cordell fue mordido dos veces por una víbora! ¡Oren por él!".

Mientras cerraba su celular, uno de los paramédicos le dijo: "Tiene la respuesta sobre la falda. ¿Por qué no la abre?".

Temblando aún, Debra miró hacia abajo y vio su Biblia. Su teléfono sonó y una de sus amigas le dijo: "El Señor me dio Hechos 28:3 y 5 cuando Pablo fue mordido por una víbora. Según la Biblia, se sacudió la mordida y nunca se enfermó. El Señor me dijo que los mismo sucedería con Cordell".

Debra abrió su Biblia en el Salmo 91 y comenzó a leerlo como una oración por su hijo. Cuando llegó al versículo 13, casi gritó de gozo. "Sobre el león y el áspid pisarás; Hollarás al cachorro del león y al dragón". La fe se apoderó de ella, el temor se fue, y ella tomó autoridad sobre la mordedura de víbora.

Una hora y media después de la primera mordedura, la ambulancia entró volando al hospital de niños. Después de que examinaran a Cordell, el director del departamento de pediatría llevó a Debra a un costado. "Lo único que puedo decir es que su hijo tiene mucha suerte. Debió haber sido una mordedura seca. Eso significa que la víbora mordió otra cosa antes de morder a Cordell". Dado que otras personas han muerto por mordeduras secas, el doctor igual le dio el antídoto.

Nunca tuvo hinchazón, y para cuando llegó al hospital todo lo que estaba adormecido tenía sensibilidad otra vez. Hoy Cordell Sheffield tiene doce años y es un niño alegre, sano y todavía vive bajo la protección de la sangre de Jesús. Gracias a Dios, los padres de Cordell ahora conocen el poder del Salmo 91 y viven bajo su protección.

Si existe un grupo de personas que necesitan las promesas del Salmo 91 son aquellos que tienen hijos propensos a accidentes en sus familias, pero la Palabra de Dios ofrece su promesa de liberación si simplemente lo amamos y creemos en Él.

Capítulo

ME HAS
PUESTO EN ALTO

Por cuanto en mí ha puesto su amor... Le pondré
en alto, por cuanto ha conocido mi nombre.
— SALMO 91:14

E l estar puesto en alto *con Dios en lugares celestiales* es la segunda promesa para aquellos que aman al Señor y lo conocen por su nombre. "Con Él [Jesús] nos resucitó, y asimismo nos hizo sentar en los lugares celestiales con Cristo Jesús" (Efesios 2:6).

¿Qué significa estar sentado con Cristo en los lugares celestiales? ¡Es interesante que Dios nos lleva donde él está! Las cosas se ven mejor desde arriba. Nuestra posición privilegiada es mucho mejor, sentados con él arriba. Así que si él está sentado arriba de todo en la tierra, cuando caminamos en sus caminos y hacemos su voluntad, también estamos sobre todo. Toda la maldad de este mundo está debajo de nuestros pies.

Piense cómo es estar sentado arriba en los lugares celestiales. Cuando nos damos cuenta de dónde estamos sentados espiritualmente, esto nos da una nueva perspectiva. Cuando era pequeña, ¿alguna vez fue a un desfile y no podía ver a ninguno de las carrozas por la gente que estaba delante de usted? Eso me sucedió una vez, y recuerdo que mi padre me levantó y me puso sobre sus hombros. Fue maravilloso porque desde ahí arriba pude ver todo el desfile y no sólo la parte que estaba pasando frente a mí. Incluso podía mirar hasta el final de la calle y ver lo que ya había pasado y lo que estaba por venir. Eso es lo que Dios hace por nosotros. Podemos ver las cosas de la manera en que Dios las ve, desde su perspectiva celestial.

Es muy importante darse cuenta de que hay un nombre al cual podemos acudir y el cual nos salvará. Puede ponerla seguro en lo alto. Muchas veces perdemos batallas espirituales con nuestras bocas, y somos vulnerables a los ataques. Una atmósfera de quejas continuas abre la puerta a que tengamos más de qué quejarnos, y aun así clamamos a Dios, quien nos ayuda. Le desafío a que medite en la promesa de Dios: "Lo pondré en alto, por cuanto ha conocido mi nombre" (Salmo 91:14). Estas no son palabras vacías.

¿Qué significa el versículo 14 cuando dice que hemos conocido su nombre? ¿Qué es conocer el nombre de Dios? Cuando Dios quería mostrarle a la gente algo importante sobre él o sus promesas en el Antiguo Testamento, Dios lo hacía conocer diciéndoles a las personas algunos de sus otros nombres. Por ejemplo, cuando quiso que Abraham supiera que él proveería todo lo que Abraham llegara a necesitar, Dios le dijo a Abraham que su nombre era *Jehová-Jireh*, que significa "Yo soy el Señor que provee". Dios quería que los israelitas supieran que él era su sanador, así que les dijo que su nombre era *Jehová-Rapha*, que significas, "Yo soy el Señor que sana". Hay muchos nombres de Dios, y cada uno de estos nombres nos dicen algo más que Dios hará por nosotros; así es, como cada nombre de Dios dice muchísimo sobre él.

Nuestra nieta, Jolena, experimentó directamente ver a su hijo estar puesto en alto sobre la muerte y el desastre. Ella nos cuenta la historia en sus propias palabras:

Nuestra familia se acurrucó bajo una manta para ver el show de fuegos artificiales el 4 de julio de 2011, y luego empezamos a bajar la colina hasta nuestro automóvil para irnos a casa. Estaba muy oscuro, y el tránsito estaba loco con tantas familias yendo a sus vehículos y metiéndose en la autopista. Estaba contenta de ver a tantos policías de tránsito guiando a la multitud. Mi esposo, Heath, y nuestros dos hijos estaban cruzando la calle, y yo estaba a unos pocos pasos más atrás con mis manos llenas con la bolsa de la cámara y mi cartera y tomándole la mano de nuestros hijo de seis años, Peyton. Heath también tenía sus manos ocupadas con los dos niños, empujando el vagón con todas nuestras cosas, y manteniendo a nuestros perros con sus correas. Él estaba mirando una oportunidad para cruzar la calle, y lo escuché decir, "AHORA" a los niños.

Como no había moros en la costa, Peyton y yo también comenzamos a cruzar la calle, cuando Avery, el mayor, ¡se adelantó!

Para sorpresa de todos, este auto apareció a toda velocidad desde la oscuridad, y yo miré sin poder hacer nada mientras este chocaba con Avery. Horrorizada de ver a mi hijo ser impactado por el auto, solté la mano de Peyton, tiré todas mis cosas en

Avery es el que está en el medio.

el medio de la calle, y comencé a correr hacia Avery justo cuando lo vi volar en al aire y caer de cabeza en el capó y el parabrisas del auto, luego rodando al piso y cayendo en sus pies. Casi que en un movimiento me miró y me dijo, "¡Estoy bien, mami! ¡Estoy bien!". Lo agarré y comencé a llamar a Jesús. Ojalá pudiera decir que estaba calmada, tranquila y entera, pero estaba gritando a todo pulmón: "¡Tenemos la protección del Salmo 91!". Estoy segura de que podían escucharme desde una cuadra, pero cuando miré el auto y vi el daño, grité aun más fuerte. Creo que estaba saliendo de mí porque no hay una mañana en la que no ore el Salmo 91 sobre mis hijos.

El paragolpes de adelante del auto que golpeó a Avery estaba torcido, el capó tenía una gran abolladura, el parabrisas tenía una grieta de un extremo a otro, ¡y en un lugar, además, había una grieta tipo telaraña! Inmediatamente Heath estaba ahí, con su linterna, revisando a Avery de pies a cabeza. (Siempre puedo contar con que él mantenga la calma.) Una mujer vino y se quedó con Hunter y Peyton. La mujer que venía manejando el auto se bajó y preguntaba constantemente si él estaba bien. Yo ni siquiera podía responderle. Un hombre desafiante estaba en el auto con ella, y él y Heath comenzaron una pelea que comenzó a escalar hasta que yo le grité a Heath que parara. Esa noche más tarde el policía que estuvo en le escena vino al hospital a chequear a Avery y nos dijo que la mujer que atropelló a Avery y el hombre que estaba con ella habían estado bebiendo, y ella había sido arrestada por manejar descontroladamente y llevada a la cárcel.

Los trabajadores de emergencia revisaron a Avery cuidadosamente en la escena, y luego en el cuarto de emergencias. Mientras estábamos esperando al doctor para que leyera las radiografías, Avery me dijo: "Mami, yo ya sabía que Dios me amaba y tenía un plan para mi vida, ¡pero ahora realmente sé que Él tiene algo especial que debo hacer!". El doctor dijo que Avery estaba bien. No pudieron encontrar nada malo, ningún tipo de lesión. Nos mandaron a la casa, y nos mantuvimos alertas, mirándolo y chequeando que todo estuviera bien. Seguí buscando algún moretón o marca, ¡pero no había nada! No fue nada más que algo sobrenatural ver el daño que el muchacho le hizo al auto, ¡pero el auto no le hizo ningún daño a nuestro hijo de noventa libras (cuarenta kilos)!

Esta promesa de estar puestos en alto es para aquellos que aman a Dios y conocen verdaderamente su nombre. Tenemos que hacernos la siguiente pregunta: "¿La posición a la que Dios me ha elevado me ayuda a ver las cosas más a su manera, o me olvido rápidamente de lo que Dios ha hecho por mí?". Mis creencias y acciones deben reflejar que estoy sentando en lo alto porque él me amó.

Capítulo

DIOS RESPONDE CUANDO LO INVOCO

Me invocará, y yo le responderé.

—SALMO 91:15

L a tercera promesa adicional de Dios es de *responder* a aquellos que realmente le aman y que invocan su nombre. Piense en lo que este versículo le está hablando. Cuando pienso en cómo Dios responde cuando lo invocamos, pienso en el día cuando llegamos a casa y encontramos que el automóvil de nuestros adolescentes había sido robado del estacionamiento. Hicimos una reunión familiar y le pedimos a Dios que devolviera el automóvil. Él nos dijo que perdonáramos a la persona que se lo había llevado. Esto fue difícil al principio, pero como el perdonar es una elección, no un sentimiento, tomamos la sincera decisión de perdonar. Perdonarlos a ellos no parecía ayudar con la situación. El departamento de policía nos dijo que ellos no creían que íbamos a volver a ver nuestro automóvil ya que había pasado más de una semana. Era difícil ignorar el reporte negativo, pero seguimos creyendo que Dios iba a hacer un milagro. Sabíamos que aunque nunca más volviéramos a ver el auto, todavía seguiríamos amando y confiando en Dios, pero no queríamos que el diablo ganara. Y así fue como, una semana más tarde, el milagro sucedió. Un hombre se entregó y dijo que él había estado robando cosas toda su vida, pero que esta era la *primera vez que él se sintió culpable.*

El hombre nos dijo que él había dejado el auto en el estacionamiento de un campo de rodeo en una ciudad cercana. Como era de esperar, cuando manejamos al lugar, ahí estaba, exactamente donde él dijo que estaría. *Clamamos a Dios como una familia, y así como Dios lo prometió, Dios respondió.*

Es importante enseñarles a nuestros hijos a invocar a Dios. Tantas personas hacen que sus pequeños confíen en aprender cómo discar 911. Practican y practican con ellos para asegurarse de que nunca se olviden, pero tan a menudo fallan en enseñarles a sus hijos a clamar al cielo. ¿Cuántas veces hemos visto que la ayuda de la emergencia terrenal no pudo llegar a tiempo, pero la ayuda de Dios está tan cerca como el aire que respiramos? Cuando los niños ven con ejemplo cómo una familia invoca a Dios, es la cosa más natural en el mundo para ellos de hacerlos por ellos mismos, así como lo hizo Bill, en el siguiente ejemplo, quien se encontró en una posición en la cual nadie podía llegar a tiempo para ayudarlo.

Jack y nuestro hijo Bill, sin saber que debajo del terreno detrás de nuestra propiedad había un viejo pozo de gas, estaban quemando arbustos. Como puede imaginarse, cuando el fuego llegó al pozo de gas, todo literalmente explotó, enviando fuego en todas las direcciones y encendiendo un campo cercano de pasto alto y seco. De inmediato, el fuego estaba completamente fuera de control. Como en esa época no había líneas de agua, estaban luchando en vano. Ni siquiera el barril de agua que tenían atrás de la camioneta hizo algo a las llamas.

Cuando vieron que el fuego se estaba acercando peligrosamente a los otros campos que estaban cerca de las casas vecinas, Jack salió disparado a la casa para llamar al departamento de bomberos, los envió a que se encontrarán en el cruce de los caminos así no se perderían, y volvió corriendo; solo para encontrar que el fuego se había apagado. Y Bill, que parecía como si hubiese estado trabajando en una mina de carbón, estaba sentado en un trozo de árbol tratando de recuperar el aliento. Jack dijo: "¿Cómo hiciste para apagar el fuego? Era imposible". Cuando piensa en la promesa de que cuando lo invocamos a Dios, él nos responde, las siguientes palabras de Bill a Jack lo dicen todo: "Clamé a Dios".

Qué maravillosos testimonios que declaran lo que Dios hace cuando clamamos a Él. ¡Esta promesa es muy importante para los ataques sorpresa en la vida!

Capítulo

DIOS ME RESCATA

Con él estaré yo; Lo libraré…

—Salmo 91:15

L a cuarta promesa adicional: *rescatar en la angustia* a aquellos que aman al Señor, se encuentra en medio del versículo 15. Es un conocido hecho que la naturaleza humana clama a Dios cuando se encuentra en problemas. Hombres en las cárceles, soldados en la guerra, personas en accidentes; todos parecen clamar a Dios cuando están en una crisis. Incluso los ateos suelen invocar *al Dios que no reconocen* cuando tienen temor. Se le ha criticado mucho a este tipo de oración de "corte de última instancia". Sin embargo, en defensa de este tipo de oración, debemos recordar que cuando uno está en dolor, por lo general corre a aquella persona que más ama o en quien más confía. La alternativa sería no invocar el nombre de nadie, pero este versículo reconoce que clamar a Dios en tiempo de problemas ¡es un buen comienzo!

Dios responde nuestras oraciones y nos rescata de muchas maneras. Estoy tan agradecida de que Dios es creativo y que ninguna situación le es imposible. Debemos pedir en fe y no confinarlo a nuestros limitados recursos. Dios dice: "Me invocará, y yo le responderé; con él estaré yo en la angustia; lo libraré y le glorificaré". Pero debemos confiar en él y hacer las cosas a *su* manera.

Cuando pases por las aguas, yo estaré contigo;
y si por los ríos, no te anegarán.
Cuando pases por el fuego, no te quemarás,
ni la llama arderá en ti.

—Isaías 43:2

Nuestro hijo Bill una vez vio el poder *rescatador* de Dios cuando se encontró en grandes *problemas* tratando de nadar al otro lado de un lago que era más ancho de lo que él calculó. Ya sin fuerzas en su cuerpo, y habiéndose hundido dos veces, Bill experimentó todas las sensaciones de ahogarse. Pero, de manera milagrosa, Dios no sólo puso una mujer del otro lado de la desierta orilla, sino que también permitió que le tirara un salvavidas (que *justo* estaba por allí) más de treinta yardas de distancia, el cual cayó a unas pocas pulgadas de donde se encontraba su cuerpo casi inerte. Aunque algunas personas llamen a este tipo de situaciones una coincidencia, las situaciones negativas que enfrentamos pueden convertirse en *Dios-idencias* cuando confiamos en su Palabra. Ese en verdad era el *día de angustia* de Bill, pero agradezco a Dios que estuvo con Bill y lo *rescató*.

Una de mis historias favoritas de los rescates milagrosos de Dios sucedió un año antes de que escribiera mi primer libro. Cuando Dios rescató a Skylar fue un gran aliento para toda la iglesia y una confirmación para mí de que fui llamada para contar estos milagros como una confirmación de sus promesas en el Salmo 91. La madre de Skylar, Audra Chasteen, dio este testimonio en nuestra iglesia de cómo el Salmo 91 salvó a su niño de cuatro años de edad:

A eso de las 7:30 de la noche del 28 de julio de 2001, tres de mis hermanas y yo, junto a mis tres hijos, estábamos visitando a mis padres. Skylar, mi hijo de cuatro años de edad, andaba en bicicleta con los niños más grandes por el campo a media milla (casi un kilómetro) de distancia de la casa. Acababa de advertirle a mi hijo mayor de que no anduvieran por la loma debido a su empinada pendiente, cuando vi que Skylar comenzó a descender. Lo próximo que vi fue a la bicicleta fuera de control y cómo había caído del otro lado de la loma. Cuando llegué donde él estaba, no se movía ni tampoco lloraba. Estaba enredado en la rueda de su bicicleta, boca abajo, con el mentón torcido más allá de su hombro y apoyado sobre el omóplato. Era muy horroroso ver a Skylar con su cabeza hacia atrás. Su brazo izquierdo estaba por detrás, con la muñeca por encima de su hombro derecho. Sus ojos estaban abiertos a medias, en una posición fija, hacia abajo y al costado. Estaba azul y no respiraba.

A pesar de la evidente lesión en su cuello y cabeza, le volteé su rostro para que pudiera respirar. Pero como todavía no respiraba, le di vuelta a todo el cuerpo para ver si eso ayudaba. Cuando eso tampoco resultó me puse histérica. Mis tres hermanas y yo somos enfermeras, pero no podíamos controlarnos para ver qué debíamos hacer médicamente.

Skylar Chasteen

Cuando mi hermana mayor, Cynthia, finalmente llegó a la escena del accidente, lo primero que comenzó a hacer fue poner su mano sobre la cabeza de Skylar y reprender al enemigo. Decía repetidamente: "Satanás, te reprendo en el nombre de Jesús, en el nombre de Jesús, quita tus manos de Skylar, ¡no te lo puedes llevar!". Luego comenzó a reclamar la sangre de Jesús y citando el Salmo 91 sobre él. Oír la Palabra de Dios salir de la boca de Cynthia me hizo recobrar mis sentidos. Envié a una de mis hermanas que fuera a buscar el automóvil y salimos para el hospital más cercano, que quedaba como a diecisiete millas (treinta kilómetros).

Camino al hospital, le hicimos respiración para reavivarlo, y respiraba por unos minutos y luego se detenía. Cynthia y yo continuamos declarando el

Salmo 91 sobre Skylar y ordenándole a su cuerpo que se alineara con la Palabra de Dios.

Cuando llegamos al hospital en Comanche, Texas, Skylar comenzó a vomitar; otra señal de una lesión en la cabeza. Las radiografías mostraban una fractura evidente en la vértebra C-1 (la primera vértebra debajo de la cabeza), y Skylar todavía no respondía. Skylar, junto con sus radiografías, fueron aerotransportados de inmediato al Cook Children Hospital [Hospital de Niños Cook] en Fort Worth, Texas.

Como todavía tenía mi atuendo de enfermera, no se dieron cuenta en el hospital que yo era la madre, así que me tenían ayudando a sacarle sangre a Skylar. Oí cuando la enfermera de trauma le reportaba al doctor: "Tiene una factura de la C-1, sus ojos están desviados hacia abajo y a la izquierda, dejó de respirar..." y demás. El doctor se sorprendió cuando supo que yo era la madre. Nunca hubiese estado tan calmada si no fuese por las oraciones. Finalmente, se lo llevaron para hacerle más radiografías y una tomografía para ver si había hemorragias en la cavidad del cerebro.

Cuando el doctor finalmente regresó, tenía una mirada muy rara, y lo único que pudo decir fue: "¡Va a estar bien!". Luego, después de consultar con el radiólogo, los dos entraron y dijeron: "No sabemos cómo explicarlo, pero no podemos encontrar ningún trauma en el cráneo (inflamación del cerebro, ni hemorragia), ni tampoco vemos una fractura de la C-1". Tenían las radiografías del hospital Coman-che donde la fractura era evidente, pero sus radio-grafías no mostraban ninguna señal de fractura.

No hay palabras para explicar el gozo, la gratitud y la alegría que sentimos en ese momento.

Todas las enfermeras nos decían lo "suertudas" que habíamos sido, pero lo único que podía decirles era: "La suerte no tuvo nada que ver en esto. ¡Este fue Dios!". No le iba a dar a Satanás ni una pequeña porción de gloria. Yo sabía que esto era un mila-gro y que fue Dios que lo sanó. El doctor estaba sorprendido, me dijo: "No sé qué decirte. Defini-tivamente había una fractura en la otra radiografía, pero él está bien ahora. No sé cómo explicarlo". Y no tenía que hacerlo. Yo sabía lo que había ocurrido. ¡Dios es tan bueno!

Desde el día que salimos del hospital, Skylar ha sido un niño perfectamente sano y normal, si ningún problema ni secuelas del accidente. ¡Es un verdadero milagro! Ese día verdaderamente experi-mentamos el poder de Dios.

Usted también puede experimentar ese mismo poder de rescate de Dios. Las promesas del Salmo 91 son regalos del amor de Dios para aquellos que le aman y creen y confiesan su Palabra.

DIOS ME HONRA

…y le glorificaré.

—Salmo 91:15

La quinta promesa a los que aman a Dios es que serán honrados. ¿Le gusta ser honrada? ¡Por supuesto que sí! Todavía me acuerdo cuando la maestra llamó mi nombre cuando estaba en la escuela y me felicitó por un trabajo escrito que había hecho. Eso me emocionó. Estaba siendo honrada.

La mayoría de las escuelas tienen un día de premios cuando diferentes estudiantes reciben un premio especial. Cuando llaman su nombre y le entregan un premio delante de otros estudiantes, es un honor. Cullen estaba emocionado cuando recibió un premio especial de fútbol por su participación en el equipo de seis hombres en la academia cristiana cuando estaba en la secundaria. Lo premiaron con el "Mejor Equipo Estatal en todo Texas y Segundo Equipo Defensivo en Texas" en su segundo año en la secundaria. Esos fueron premios especiales que lo honraron.

Cuando mi madre era adolescente, el honor que ella pensó que estaba recibiendo de su profesora de educación física de la secundaria terminó encajando muy bien con la situación, y fue una experiencia que nunca olvidó.

Mi madre (Arma Lee) y su amiga cercana, Dorothy Nell, estaban en la secundaria. Como se sentían bastante grandes e importantes, un día decidieron faltar a clase. La casa de mi madre estaba ubicada detrás de una gran funeraria que enfrentaba a la puerta trasera la cual llevaba a un área de almacenamiento donde guardaban todos los féretros. Este día en particular Arma Lee y su amiga decidieron que iba a ser divertido meterse en ese gran cuarto de almacenaje y mirar los féretros. Sin embargo, una vez adentro, sólo mirar y caminar a través de los féretros no fue suficiente para satisfacer su curiosidad, así que abrieron uno de los féretros y quedaron impresionadas con el hermoso forro en satén.

Para ese entonces la curiosidad se había apoderado de ellas, y decidieron que necesitaban meterse dentro de unos de los féretros y experimentar lo que se sentía. Atrapadas en la diversión, finalmente se turnaban para meterse en el féretro y dejar que la otra cerrara la tapa y predicara su servicio fúnebre. Para cuando terminaron con la diversión, se habían perdido todo un día de clases. Sintiéndose un poco culpables en la tarde, mi madre le confesó a mi abuela lo que había hecho. Mi dulce abuela, la cual tenía mucha bondad en su alma, creía que esto no era algo más que un gran cuento y dijo: "Querida, tú sabes que eso no ocurrió". Mi madre se sintió aliviada dado que obtuvo la resolución paternal que su alma necesitaba después de haber confesado sus delitos.

Camino a la clase de educación física al día siguiente, la profesora, con mucha gracia, le dijo a mi madre y a su amiga que la clase había aprendido un nuevo ejercicio el día anterior, y que quería que ellas lo probaran una vez antes de que continuaran con los planes de ejercicios de ese día. Las muchachas estaban felices de que la profesora no las castigara por su ausencia sin excusa y saltaron ante la oportunidad de aprender la nueva rutina. Las hizo que se pusieran en cuatro junto a la pared para ver cual de ellas podía levantar más un pie y una pierna en la pared. Las dos muchachas, siendo muy competitivas, casi se parten al medio tratando de ganarle a la otra. Cuando se habían estirado lo más que pudieron, la profesora dijo: "Arma Lee, los dedos de tu pie están más alto. Creo que tú ganaste. Ahora di, '¡Guau guau!'". Con esto ella y el resto de la clase se rió a carcajadas. (Una profesora no podría hacer esto hoy en día, pero en aquel entonces cumplió su propósito.) El "honor" que Arma Lee y Dorothy Nell recibieron ese día definitivamente iba muy acorde con su crimen.

Ese fue un honor revertido. A nadie le gusta ese tipo de reconocimiento.

A todos nos gusta recibir un honor verdadero, ¿pero alguna vez se ha puesto a pensar en lo que significa ser honrado por el Dios del universo? Él nos honra llamándonos sus hijos e hijas. Él nos honra respondiéndonos cuando tomamos en serio su Palabra y lo invocamos con fe. Él nos honra reconociéndonos individualmente y preparándonos un lugar para poder estar con él, eternamente. *Honarnos* es una de las siete singulares y adicionales promesas que Dios nos dio en el Salmo 91.

Capítulo*

DIOS ME SACIA CON UNA LARGA VIDA

Lo saciaré de larga vida.

—Salmo 91:16

"**P**eggy Joyce, ¡quiero comprarte cientos de libros para regalar en mi cumpleaños número cien!". Esa fue una llamada que recibí unos años atrás de una señora de Minesota que me llamó un sábado por la mañana. Estaba tan contenta de poder darlos como regalo a cada una de sus amigas que asistirían a su fiesta. La mayoría de las personas piensan en fiestas grandes y en qué tipo de regalos van a recibir, especialmente cuando uno cumple cien años, pero esta señora pensaba acerca de qué podía hacer para todos los demás. Ese es un buen ejemplo de alguien que vivió una larga y satisfactoria vida. Y uno no puede obtener ese tipo de satisfacción en ningún otro lado, sino sólo cuando caminamos de cerca con Jesús.

La sexta promesa es que Dios les dará una larga vida a quienes le aman. Dios no quiere que simplemente tengamos muchos cumpleaños. Algunas personas han tenido muchos cumpleaños, pero no eran alegres. Dios dice que le dará a usted muchos cumpleaños, y que a medida que lleguen, usted estará satisfecha y se sentirá completa.

Todos tienen un vacío en el corazón, y nadie más que Jesús puede llenarlo. A lo largo del tiempo, la gente ha tratado de llenar ese vacío con distintas cosas, pero las cosas de este mundo no traen satisfacción. Solamente después de que usted decide seguir a Dios por completo y darle todo su corazón Dios podrá llenar su vida hasta rebalsar. Entonces usted experimentará un gozo que no puede describir con palabras.

El [Jesús] que sacia de bien tu boca.

—SALMO 103:5

Muchos de nuestros soldados tienen miedo de que no tendrán muchos años porque llevan una vida muy peligrosa. Pero las promesas de Dios pueden obrar en medio de circunstancias adversas. Jacob Weise es un testimonio viviente de eso. Jacob estaba en la infantería como ametrallador y corporal en el Segundo Batallón del Gulf Company de la Marina. Nos cuenta su experiencia con el salmo durante dos de sus misiones en la guerra en Iraq:

En mi primera misión fuimos infiltrados en Iraq y asaltamos y aseguramos la ciudad de An Nasiriyah durante un operativo nocturno cuando conducíamos al centro del área con otras unidades de la marina y fuerzas armadas. Nuestra segunda misión comenzó el 28 de febrero de 2004, e involucró siete meses de operativos alrededor, y también dentro, de la ciudad de Al Fallujah. Fallujah, a diferencia de An Nasiriyah, era considerada una ciudad completamente hostil, y teníamos que luchar con los diarios cambios de las reglas de combate; el enemigo brutal, adaptivo, impredecible y las fuerzas poco fiables de los iraquíes. Esto convertía a Fallujah en un frustrante y peligroso lugar.

Durante este tiempo, a pesar de todo, me sentí protegido. Casi siempre estaba con paz en mi mente porque sabía que el Señor me cuidaba. Esto se debió a que antes de salir para mi entrenamiento, me aferré de algo, el Salmo 91 y el poder de sus promesas que se encuentran en sus versículos, los cuales nos protegen de cualquier tipo de mal que el enemigo quiera traer contra nosotros. Justo en el medio de esta lucha por nuestras vidas, mi mente se remontó a aquel día cuando oí a Peggy dar la más completa explicación del Salmo 91 que jamás escuchara. Era difícil para mí imaginarme el poder contenido en ese salmo, pero fue allí cuando decidí orarlo cada día sobre mí y sobre todos los hombres conmigo. El 24 de junio de 2004 fue un testimonio del gran poder que tiene el pacto de las promesas.

Mi batallón y yo protegíamos lo que denominamos como la hoja de trébol en el borde este de Fallujah desde junio a septiembre del 2004. Esta es una principal arteria vial que une a Ramadi, Fallujah, con Baghdad. En la mañana del día veinticuatro, cuando llegamos a la hoja de trébol, el fuego se intensificó a un nivel descabellado. Los edificios en los extremos norte y oeste le daban a los insurgentes la cobertura perfecta para descargar fuego intenso, tanto con armas pequeñas como con metralletas, contra nuestro puesto. Incluso cuando nuestro apoyo llegó a la escena, los insurgentes no se rendían. Los helicópteros Cobras fueron los primeros que llegaron y no estuvieron allí por mucho tiempo cuando uno de ellos fue derribado por un misil Stinger. Nunca había estado en un tiroteo tan intenso. Recuerdo cómo oraba todo el tiempo mientras estaba allí. Sin parar, oraba en el espíritu y orando el Salmo 91 por todos nosotros allí. Mientras los tanques y los AC-130 y los F-18s comenzaron a nivelar los edificios cerca de nuestro punto de refugio y ataque, los insurgentes comenzaron a mermar e incluso detener el fuego por unas seis o siete horas.

Milagrosamente nadie murió en combate. El disparo de los francotiradores hirió a dos de nuestros soldados, los dos recibieron disparos en la cabeza. Sin embargo, dieron en el casco y no atravesaron la masa cefálica. Solo dejaron un feo corte donde la bala entró antes de salir por el otro lado. El médico los llamó daños superficiales. ¿Cuántas veces se les

llama a los disparos a la cabeza un "daño superfi-
cial"? Y no solo ocurrió una vez, sino dos veces en
la batalla. Eso sí que fue un gran milagro.

La parte más importante de todo esto fue el
hecho de que durante ese tiempo, mientras recorría
el Salmo 91 en mi mente, nun-
ca sentí que algo se me acercara.
En abril, un mortero explotó
tan cerca de donde yo estaba
que mató a un soldado frente a
mí e hirió a otros dos detrás de
mí, pero todo lo que sentí fue
como una metralla que me pasó
por el lado. A pesar de estar
semanas y semanas en fuego
cruzado, ningún soldado murió
en los meses de junio, julio,

Jake y su mamá,
Julie Weise

agosto y septiembre. Creo que eso fue un resultado
directo de la oración que cubría mi vida, y también
a mi compañía. El Salmo 91 en verdad es algo
poderoso que puede hacerle sobrevivir. No sólo le
protege en lo físico, sino también en lo espiritual.
Volver a la vida cotidiana en los Estados Unidos,
estando en casa con mi esposa e hijos y trabajando
con otra guarnición en la marina, no ha sido ningún problema para mí. Le doy todo el mérito a
Dios, que protegió mi mente y mi alma, así como
mi cuerpo.

Sé que no es fácil oír a alguien hablar de Iraq dando su opinión, especialmente cuando proviene de
un civil que no ha estado allí, que no experimentó

lo que nosotros vivimos ni vio ni oyó nada de eso.
Las palabras de este libro, sin embargo, son relevan-
tes y reales. Este libro es la verdad. Viví milagros
de la mano de Dios simplemente por haber creído
y haberme mantenido firme en la Palabra de Dios
en el Salmo 91. Por favor guárdelo en su corazón.
Salvará su vida y la vida de otros.

La madre de Jake, Julie Weise, escribe:

Cuando mi hijo Jacob (Jake) nació, no sabía que
veintiún años después sería uno de los soldados
estadounidenses en cruzar la frontera de Iraq. Desde ese entonces, ya sirvió dos términos en esa tierra
de Babilonia como la llama la Biblia; la tierra donde
Abraham y Daniel y tantos otros vivieron.

¿Fue un momento de temor para mí como madre
de un soldado de infantería? Les puedo decir que
nunca tuve temor por mi hijo. La gente cercana
a mí me ofrecía consuelo y trataba de consolarme.
Pero no entendían que en verdad yo estaba bien. A
pesar de estar agradecida por tanto afecto que me
demostraban, mi consuelo venía de Dios. Jesús dice:
"La paz os dejo, mi paz os doy; yo no os la doy como
el mundo la da. No se turbe vuestro corazón, ni
tenga miedo" (Juan 14:27). La paz de Dios es una
paz completa. Mi esposo, mi hija Mary y yo tenemos una gran convicción en las promesas de Dios.
Sabemos que Jake y su esposa Jeanine sienten lo
mismo. Fue a la batalla con la Palabra de Dios en
su mano. Llevó su Biblia con una copia del Salmo

91 en su bolsillo. Antes de irse, impusimos nuestras manos sobre él y oramos por su seguridad, pidiéndole a Dios que lo trajera entero, en espíritu y mente. Y Dios así lo hizo. Durante esos días de incertidumbre, Dios nos confortó en muchas maneras. Las circunstancias en lo natural pueden parecer inciertas, pero cuando mirábamos la televisión y oíamos reportes de la guerra, nos consolaba tanto nuestra fe como las promesas del Salmo 91. Las noticias pueden enloquecer a cualquiera y preocuparnos si uno no tuviese las promesas del Salmo 91. Muchas personas oran y están con nosotros. Hubo tiempos cuando Satanás quiso susurrar a mi oído pensamientos de temor y duda, pensamientos de pérdida y de muerte. Pero yo había leído la Palabra de Dios y conocía sus promesas; tanto las promesas para el cielo, con lo lindo que eso es, así como las promesas de protección y provisión aquí en la tierra. *La fe es una elección.* Cuando venían las tentaciones, iba a la Palabra de Dios y decía: "No, hemos orado pidiendo la sangre de Jesús sobre la vida de Jake. Él está a salvo. Su Palabra es verdad".

Jake escribió acerca de una emboscada que les tendieron cuando seis de los hombres fueron heridos por francotiradores, pero todos se pudieron recuperar. Habían sido interceptados y tenían pocos refuerzos. Nos dijo que oró toda esa noche y que leyó el salmo, vez tras vez, poniendo su nombre y el de su batallón. Dios fue fiel. Todos los hombres sobrevivieron sin ninguna lesión ni muerte.

Era más fácil orar por mi hijo porque yo sabía que también él tenía fe y que estábamos de acuerdo, pero aunque su hijo no sea un cristiano, usted puede mantener a sus seres queridos en oración y puede saber que Dios le oye.

Una de las cosas más desafiantes para un padre es tener que permitir que su hijo se ponga justo en el camino del mal como soldado del ejército en una misión peligrosa. Estas historias nos inspiran a confiarle a Dios aquellas personas a las que amamos.

Dios quiere que reclamemos la promesa de una larga vida, pero también quiere usemos nuestra larga vida para vivir para él. Pregúntese: "¿Qué voy a hacer con mi larga vida, la cual me califica como una de las personas que tuvo una larga y satisfactoria vida?"

Capítulo

YO TENGO SU SALVACIÓN

…Y le mostraré mi salvación.

—Salmo 91:16

MUCHAS PERSONAS SE SORPRENDEN cuando buscan la palabra *salvo* o *salvación* en la Biblia. ¿Sabe lo que significa? La mayoría de las personas piensan que significa simplemente un pasaje al cielo. Significa eso, y mucho más. La palabra *salvación* también significa salud, sanidad, liberación, protección y provisión. Esto quiere decir que usted puede vivir con *salud*, pero si llega a enfermarse, ¡entonces Dios le dará la *sanidad*!. Quiere decir que Dios le *librará* de las cosas malignas que están causando que sea infeliz. Él le *protegerá* del daño, y Él *proveerá* todo lo que necesite para tener una vida completa. Una persona que no conoce a Dios puede pensar que esto es imposible, pero es simplemente así porque no conoce la fidelidad de nuestro poderoso Dios.

Jennifer McCullough escribió de su experiencia con el Salmo 91:

Antes de salir para el este de África en 1999, estaba siendo discipulada por Angelia Schum, mi maestra de estudio bíblico en la universidad. Fue un curso  rápido sobre todo lo que alguien necesitaría antes de entrar en el campo misionero. Una noche en la iglesia me encontré con una amiga de Angie, Donna. Me dijo: "Tú sabes del Salmo 91, ¿verdad?". Cuando le dije que no, ella me dijo: "¡Angie no debe quererte mucho entonces si no te habló del Salmo 91!". ¡Eso llamó mi atención!

Jennifer McCullough

Comencé a estudiar intencionalmente este capítulo y a memorizármelo antes de irme. No tenía ni idea del poder que este pasaje tenía hasta el 15 de enero de 2000. Vivía en una villa en el monte con la tribu (pastores de ganado), trabajando con huérfanos con SIDA y enseñando en la escuela de la villa. Muchas veces me encontré orando el Salmo

91 mientras caminaba alrededor de la villa. Había ido a la ciudad el día anterior en el camión de la leche. Esa noche, estaba acostada en mi choza y escuché unos disparos. Corrí hasta la choza de un compañero misionero y me senté en un pequeño cuarto orando el Salmo 91 vez tras vez. El esposo estaba afuera investigando, así que estábamos solamente la madre de veinticuatro años, su niño de dos años y yo.

Mientras tanto, un grupo de rebeldes estaba atacando la villa. Le dispararon a unos hombres, una mujer embarazada fue golpeada, otros habitantes fueron asaltados y se robaron ganado. Los habitantes fueron acostados, boca abajo, en una línea, con armas y machetes apuntados a sus cabezas, mientras eran amenazados de no decir ni una palabra. El ataque había sido muy bien planeado y nos habían estado vigilando durante días entre los arbustos.

¡Este es el milagro! La gente de la villa sabe que los misioneros blancos tienen en sus chozas más de lo que la gente de Uganda tiene en toda su vida. Aún así los rebeldes nunca vinieron a nuestra choza, y eso que habían saqueado todas las chozas. Luego del hecho, los rebeldes le admitieron a la policía que ellos habían seguido al camión de leche entre los arbustos la noche anterior al asalto. Yo estuve en ese camión sentada al lado del chofer, quien llevaba dos millones de chelines, el sueldo mensual de los habitantes, por la venta de la leche. Ellos no atacaron el camión en la ruta porque regresamos antes de la noche. Esta fue la primera vez que no regresamos tarde en la noche en los seis meses que había estado haciendo ese mismo viaje.

El día después del ataque fue muy intenso. Caminé a través de la villa, orando por los habitantes que habían sido saqueados y golpeados. Tenían miradas de puro terror en sus caras, sabiendo que los rebeldes todavía estaban escondidos en los arbustos cercanos. Mientras estaba hablando con los habitantes, ninguno podía creer que yo no había sido atacada. Mi intérprete, Segambe, dijo: *"Era como si tu choza ni siquiera hubiera estado ahí"*.

¡Dios es fiel! Él tiene un plan perfecto para su vida. ¡Dios conoce todo! Él le dará las armas para pelear las batallas a las que se enfrenta. Dios no le dio el Salmo 91 solamente a los misioneros en la selva africana. Él lo dio para que todos nosotros como cristianos podamos reclamar diariamente sus promesas. Las palabras del Salmo 91 están en mis oraciones diarias: *"...Te cubrirá con sus plumas y bajo sus alas hallarás refugio. ¡Su verdad será tu escudo y tu baluarte!"* (NVI).

La madre de Jennifer, Mamie McCullough, es una conocida oradora motivacional como el fenecido Zig Ziglar; sin embargo, ella comparte aquí, en una manera muy personal, el poder del Salmo 91 y la importancia de permitir que su hijo siga a Dios, aún en los lugares más oscuros donde el evangelio necesita ser predicado. Esta es su historia:

Una de las cosas más difíciles para una madre es dejar ir a su hijo al campo misionero. Abraham tuvo que dejar ir a Isaac y de muchas maneras los padres debemos, en algún momento, dejar ir a los hijos para seguir la voluntad de Dios. Es por eso que conocer las promesas del Salmo 91 es tan importante para la cordura de una madre. Yo debo saberlo.

Como una madre viuda con tres hijos, Patti, Brian y Jennifer, siempre sentí la mano de Dios sobre nuestra familia de una manera especial desde la muerte de Don, en 1981. Uno de los compromisos que hice en mi vida a temprana edad fue de servir al Señor, de criar a mis hijos en la iglesia y de darles una buena educación, tanto mental como espiritual. Esto fue un trabajo desafiante, pero sentí la mano de Dios en cada evento y etapa de la vida.

En 1999, me enfrenté a una difícil decisión: mi bebé, Jennifer, con veintidós años, inmediatamente después de haber recibido un título en educación especial de la Universidad de Howard Payne, me llamó para decirme que Dios la estaba llamando a las misiones. Esto no fue algo que me sorprendió, ya que ella siempre había estado involucrada alimentando a la gente sin hogar, visitando hogares de niños y trabajando con muchas misiones. Los abuelos de mis hijos sirvieron en el campo misionero, y su padre había sido criado en América del Sur. Yo también tenía una hermana que fue misionera en África. Todo esto pasó antes de que Jennifer naciera, y ella no tenía ni idea de sus raíces hasta el momento en que sintió el llamado de Dios en su vida. Fue interesante para mí de que sin saber ella su pasado familiar, ella haya sentido el llamado a África. Mi primera respuesta fue: "Yo también hablé con Dios y no mencionó a África". Sin embargo, me di cuenta de que, cuando criamos a nuestros hijos y les enseñamos a seguir la voluntad de Dios, no tenemos derecho a cuestionar su llamado. Este no fue un ajuste fácil ya que ella no tenía ninguna capacitación misionera y no tenía idea del idioma. Tampoco tenía el apoyo de ninguna denominación u organización.

Jennifer y su madre, Mamie

Ella encontró un orfanato ocho horas al norte de Kampala, en el este de África, y sintió que era ahí donde Dios la estaba llamando para que trabajara ayudando a educar a los niños y a guiarlos a Cristo. El último domingo antes de irse de Dallas y volar a treinta horas de distancia, estábamos en la iglesia Prestonwood Baptist Church, a la cual había asistido desde que tenía cinco años. Comencé a llorar durante la alabanza, y ella me abrazó y me dijo: "Mamá, no estés enojada que te voy a dejar". Le afirmé que no estaba enojada, ni que tampoco estaba en desacuerdo con su decisión, pero que ella no podía esperar que yo no llorara. Este era el derecho de una madre.

Comenzamos a leer el Salmo 91 todos los días y a reclamar la protección y seguridad de Dios. Había una paz en mi corazón de que ella estaba haciendo la voluntad de Dios, pero tener que dejar que mi hija de veintidós años abandonara el país para ir a un territorio desconocido era algo que me asustaba. Ella me había dicho que Dios le había dicho que ella volvería a estar con nosotros sin ningún daño. Dios es bueno, y eso es exactamente lo que Él hizo. Tal vez nunca sepa lo que ella vivió esos seis meses como misionera, pero a través de los años ha contado muchas historias. Ella era la única *muchacha blanca* en millas, y vivía en una choza de paja al aire abierto sin ninguna protección excepto su fe en el Señor. La aventura que Jennifer compartió en el testimonio arriba fue solamente una de las muchas experiencias que vivió. Esa noche, algunos de los guerrilleros que salieron del bosque mataron a personas. Ella vio algunas muertes sangrientas alrededor de ella, pero mientras ella estuvo acostada en el piso de la choza, orando, ellos finalmente se fueron. Luego de ese momento espantoso la protección de Dios sobre ella fue obvia cuando alguien le preguntó a la guerrilla al día siguiente si ellos habían agarrado a la "mujer blanca" y su respuesta fue, "No había ninguna mujer blanca". Nadie puede decir jamás que Dios no construye una pared de fuego alrededor de sus hijos. Él fue fiel en cubrir a Jennifer con su pacto del protección del Salmo 91.

Aun cuando ella estaba regresando desde África en un vuelo a Chicago y luego de ahí a Dallas, ella vivió otros de los maravillosos milagros de Dios. Cuando salió del avión en Chicago, exhausta luego de haber estado en ese vuelo tan largo, le dijeron que no había un vuelo hasta Dallas. Pero Dios tenía otros planes. La encargada regresó unos momentos más tardes diciéndole que nos llamara para que la vayamos a esperar a Dallas a las nueve de la noche. Tenían un vuelo a Dallas que salía en una hora. Jamás vi algo más lindo que poder ver a mi hija más pequeña salir del avión. El milagro, por supuesto, fue su regreso a salvo, pero también fue milagroso ver que ella era la única pasajera en ese avión que llegó desde Chicago. La habían puesto en primera clase y la trataron como una reina. Nunca entendimos que fue lo que pasó, pero sí pasó y estábamos tan agradecidos. Es un honor saber que Dios tiene su mano sobre nuestra vida, y que cuando decidimos servirle a él, sabemos que tenemos lo mejor que la vida tiene para ofrecer.

Jennifer regresó a casa de ese viaje, comenzó el seminario, se casó con un joven predicador, y ahora sirve como pastora de niños en Norman, Oklahoma. Tiene dos niños pequeños, Sam, de seis años, y Sydney, de cuatro años; su esposo Scott, enseña la Biblia y la ayuda en su ministerio.

Jennifer se preocupó por la salvación de personas a las cuales nunca conoció y Dios permitió que ella contemplara su salvación cuando ella más lo necesitaba. Qué bueno que esta promesa no espera para comenzar en el cielo.

Otra gran historia sobre "te mostraré mi salvación" es sobre Cali, luego que un familiar le regaló *My Own Book of Psalm 91* [Mi propio libro del Salmo 91] cuando ella tenía seis años de edad. Esa noche su papá le leyó el libro antes de que se fuera a la cama. Luego pasaron un tiempo hablando de lo que cada página significaba. Después, mientras leían la oración al final del libro, a Cali le dijeron que esa era la oración que uno debía hacer cuando quería entregar su corazón a Jesús.

Cuando su papá cerró el libro, ella tomó el libro de sus manos y lo abrió en la página de la oración. Cuando él le preguntó si ella quería hacer esa oración, ella entusiasmada dijo: "¡Sí!". Él le explicó lo que significa entregar el corazón a Jesús y se aseguró de que ella entendiera lo que estaba haciendo. Como ella seguía insistiendo que eso era lo que ella quería hacer, él llamó a su esposa y le pidió a Cali que le dijera a ella por qué quería darle su corazón a Jesús. Otra vez, ella dijo que quería que Jesús viviera en su corazón, que perdonara sus pecados, y vivir con Él para siempre.

La madre de Cali le leyó la oración, y Cali repitió las palabras a Dios. Luego estas palabras fueron escritas en su libro: "25/10/10, Cali oró esta oración y le pidió a Jesús que entrara a su corazón. ¡Hoy es su nuevo cumpleaños! Hoy ella contempló la salvación del Señor". La familia estaba tan feliz que escribieron una nota de agradecimiento, diciendo: "Gracias por este libro tan maravilloso que ha puesto a esta familia más cerca de la eternidad".

Este *Salmo 91 para las madres* está lleno de testimonios de personas que vieron su salvación. Contemplaron sus sanidades, contemplaron su liberación del enemigo, contemplaron la protección del Señor y han contemplado la maravillosa provisión de Dios. Usted también puede contemplar la salvación del Señor en todas los ámbitos de su vida. Le animo a que lea el Salmo 91 todos los días como una oración a Dios. Su fidelidad a este pacto de promesas es verdaderamente un escudo, como él lo promete en el Salmo 91:4.

RESUMEN

Nada es este mundo es más confiable que las promesas de Dios; cuando las creemos, nos negamos a titubearlas, y hacemos que su Palabra sea *nuestra autoridad final* en cada aspecto de nuestra vida.

Hay, sin embargo, una singularidad sobre este salmo. Pueden encontrarse promesas de protección a través de la Biblia, pero el Salmo 91 es en el único lugar en la Palabra donde todas las promesas de protección están juntas en una colección; formando un pacto escrito a través del Espíritu Santo. ¡Cuán poderoso es esto!

Yo creo que el Salmo 91 es un pacto; un contrato espiritual que Dios ha puesto al alcance de sus hijos. Es algo muy necesario en estos días difíciles. Hay algunos que sinceramente preguntan: "¿Cómo sabes que puedes tomar una *canción* de los Salmos y basar tu vida en ella?". Jesús respondió esta pregunta. El valor de los salmos fue enfatizado cuando los citó como una fuente de verdad que debe ser cumplida:

> Y les dijo: "Éstas son las Palabras que os hablé, estando aún con vosotros; que era necesario que se cumpliese todo lo que está escrito de mí en la ley de Moisés, en los profetas *y en los salmos*."
>
> —Lucas 24:44, énfasis añadido

Cuando Jesús equipara los salmos con la ley de Moisés y los profetas, vemos que es históricamente relevante, proféticamente bueno, y totalmente aplicable y confiable.

En esos momentos cuando enfrentamos tantas incertidumbres, es más que reconfortante darnos cuenta de que Dios no sólo conoce más allá lo que estamos enfrentando, pero que también es nuestra provisión absoluta.

Alguien alguna vez señaló: "Es interesante que el mundo obtuvo su número de emergencias 911 de la respuesta de Dios para nuestro pedido de auxilio: Salmo 91:1".

Parece tan solo un sueño pensar ahora cuando mi mente estaba invadida por temores y dudas. No tenía idea cuando le hice a Dios esa pregunta pertinente: "¿Hay alguna forma para que el cristiano pueda escapar el mal que le sobreviene al mundo?". Iba a tener un sueño que no sólo cambiaría mi vida, sino que también cambiaría las vidas de miles que iban a oír y creer.

¿QUÉ DEBO HACER PARA SER SALVO?

HEMOS HABLADO SOBRE LA protección física. Ahora vamos a asegurarnos que tiene la protección eterna. Las promesas de Dios en este libro son para los hijos de Dios que le aman. Si nunca le ha entregado su vida a Jesús y aceptado a Él como su Señor y Salvador, no hay mejor momento que ahora mismo.

No hay justo, ni aun uno.

—ROMANOS 3:10

Por cuanto todos pecaron, y están destituidos de la gloria de Dios.

—ROMANOS 3:23

Mas Dios muestra su amor para con nosotros, en que siendo aún pecadores, Cristo murió por nosotros.

—ROMANOS 5:8

Porque de tal manera amó Dios al mundo [usted], que ha dado a su Hijo unigénito, para que todo aquel que en él cree, no se pierda, mas tenga vida eterna.

—Juan 3:16

No hay nada que podamos hacer para ganarnos la salvación o hacernos lo suficientemente buenos para ir al cielo. ¡Es un regalo!

Porque la paga del pecado es muerte, mas *la dádiva* de Dios es vida eterna en Cristo Jesús Señor nuestro.

—Romanos 6:23, énfasis añadido

No hay otro camino por el cual podamos alcanzar el cielo aparte de Jesucristo, el Hijo de Dios.

Y en ningún otro hay salvación; porque no hay otro nombre bajo el cielo, dado a los hombres, en que podemos ser salvos.

—Hechos 4:12

Jesús le dijo: Yo soy el camino, y la verdad, y la vida; nadie viene al Padre, sino por mí.

—Juan 14:6

Debes creer que Jesús es el Hijo de Dios, que Él murió en la cruz por tus pecados, y que Él resucitó al tercer día.

…que fue [Jesús] declarado Hijo de Dios con poder, según el Espíritu de santidad, por la resurrección de entre los muertos.

—Romanos 1:4

Tal vez esté pensando, "¿Cómo acepto a Jesús y me convierto en su hija?". Dios en su amor lo ha hecho tan fácil.

> Que si confesares con tu boca que Jesús es el Señor, y creyeres en tu corazón que Dios le levantó de los muertos, serás salvo.
>
> —ROMANOS 10:9

> Mas a todos los que el recibieron, a los que creen en su nombre, les dio potestad de ser hechos hijos de Dios.
>
> —JUAN 1:12

Es tan simple como haciendo una oración parecida a esta oración, si lo cree sinceramente en su corazón:

Querido Dios:

Creo que entregaste a tu Hijo, Jesús, para que muriera por mí. Creo que derramó su sangre para pagar por mis pecados y que lo resucitastes de los muertos para que yo pudiera ser tu hija/o y vivir contigo eternamente en el cielo. Le pido a Jesús que entre a mi corazón ahora mismo y me salve. Confieso que es el Señor y Maestro de mi vida.

Te agradezco, querido Señor, por amarme lo suficiente como para dar tu vida por mí. Toma mi vida y úsala para tu gloria. Recibo todo lo que me has prometido. En el nombre de Jesús, amén.

PACTO PERSONAL DEL SALMO 91

COPIE Y AGRANDE ESTE pacto de oración del Salmo 91 para orar por usted y sus seres queridos, agregando su nombre en los espacios en blanco.

_____ que habita al abrigo del Altísimo morará bajo la sombra del Omnipotente. _____ dirá al Señor, "Esperanza mía, y castillo mío; Mi Dios en quien confiaré". Él librará a _____ del lazo del cazador, de la peste destructora [fatalidad, enfermedades infecciosas]. Con sus plumas cubrirá a _____, y debajo de sus alas _____ estará seguro; escudo y adarga es su verdad.

_____ no temerá el terror nocturno, ni saeta que vuele de día, ni pestilencia que ande en oscuridad, ni mortandad que en medio del día destruya. Caerán al lado de _____ mil, y diez a su diestra; más a _____ no llegará. _____ ciertamente con los ojos de _____ mirará y verá la recompensa de los impíos. Porque _____ ha puesto a

Jehová, que es su esperanza, al Altísimo como la habitación de

_____. No le sobrevendrá mal a _____, ni plaga

tocará la morada de _____. Pues a sus ángeles enviará

acerca de _____, que guarden a _____ en todos

sus caminos. En las manos llevarán a _____, para que

el pie de _____ no tropiece en piedra. _____

pisará sobre el león y el áspid; hollará al cachorro del león y

al dragón.

"Por cuanto _____ en mí ha puesto su amor [dijo Dios],

yo también lo libraré; pondré en alto a _____, porque

_____ ha conocido mi nombre. _____ me

invocará, y yo le responderé a _____. Con _____

estaré yo en la angustia; libraré a _____ y glorificaré

a _____. Saciaré de larga vida a _____, y le

mostraré mi salvación".

NOTAS

CAPÍTULO 5: GRAN FORTALEZA ES MI DIOS
1. Peggy Joyce Ruth and Angelia Schum, *Salmo 91* (Casa Creación).

CAPÍTULO 6: NO TEMERÉ AL TERROR
1. Adaptado de Ruth y Schum, *Salmo 91*, 138–141.

CAPÍTULO 7: NO TEMERÉ A LA SAETA
1. Adaptado de Ruth y Schum, *Salmo 91*, 132–135.

CAPÍTULO 11: NINGUNA PLAGA TOCARÁ TU MORADA
1. Viejo proverbio inglés.

CAPÍTULO 13: EL ENEMIGO ESTÁ BAJO MIS PIES
1. Ruth y Schum, *Salmo 91*, 145–146.

SOBRE LAS AUTORAS

L a destacada autora y conferencista Peggy Joyce Ruth ha ayudado a miles a desarrollar un caminar más cercano con Dios. Sus mensajes desafían a individuos de todas las clases sociales a profundizar en el conocimiento de la Palabra de Dios. Ofrece principios prácticos para aplicar las Escrituras en el diario vivir. Luego de haber enseñado por treinta años un estudio bíblico semanal para adultos y ayudado a su esposo a pastorear en Brownwood, Texas, ahora dedica la mayor parte de su tiempo a dar conferencias (en los Estados Unidos y en el extranjero), a eventos militares y a escribir libros. Se reirá con las historias cómicas a medida que se siente identificada con relatos verdaderos de la Palabra de Dios obrando en la vida de las personas. Sus mensajes se transmiten por la radio y están disponibles, de manera gratuita, en su portal web www.peggyjoyceruth.org.

Peggy Joyce escribe sobre su hija Angie: "No hay nada más divertido que estar en el ministerio con los hijos. Este año, Angie y yo pasamos unas semanas en Israel trabajando en un libro del Salmo 91 en hebreo, entrevistando a algunos de los mayores héroes, comandantes y generales de Israel y a algunos sobrevivientes de la lista de Schindler. Oímos, de primera mano, historias maravillosas de su protección. Abajo nos encontramos en una carpa Sukkot, con Ezra Yahkim, un hombre que luchó por la liberación de Jerusalén en 1948 y también en 1967.

"Angie trabaja en un ministerio universitario, supervisa las tareas misioneras universitarias y dirige dos estaciones cristianas de radio FM. Da charlas cuatro veces por semana ante una variada audiencia y es una oradora entretenida. Muchas veces compartimos la plataforma en conferencias y retiros. Angie habla sobre temas como 'Las ocho estrategias para la evangelización', 'La serpiente cascabel (la clave de la oración preventiva)', 'Liberación del poder del daño', 'Aventuras y riesgos en la vida cristiana', 'Una palabra de Dios puede cambiar su vida para siempre', y 'Dios es el defensor de su vida'. Tanto jóvenes como adultos disfrutarán de la alta adrenalina en su libro *God's Smuggler, Jr.* [El pequeño contrabandista de Dios], donde relata las aventuras del contrabando de Biblias en la China".

Para información sobre charlas, por favor llame al l (325) 646-6894 o al (325) 646-0623. Para conectarse a la transmisión por internet visite: www.christiannetcast.com o vaya a nuestra página web www.peggyjoyceruth.org y oprima donde dice "Listen now".

PEGGY
JOYCE
RUTH

CASA CREACIÓN
Para vivir la Palabra
www.casacreacion.com
/casacreacion